JN137243

私は、ひとりで坐っているのが好きなのです。つまり、そういうひとりでいる瞬間を、できるだけ豊かにするために、ほうぼうを歩き回るのです。歩いて回るのは、つまりはもとへ戻って、またそこにゆっくり坐るためなのです。

旅行しながら、飛行機の中から、汽車の窓からみながら、あるいは道を歩きながら、自分の心の中を眺めているのです。自分自身を訪ねるのか、あるいは自分ではないものを訪ねるのか、それはわからないのですが。

森　有正　『生きることと考えること』（講談社現代新書）

また旅2　目次

本書は『暮しの手帖』での連載をまとめたものです。初出は301頁をご覧ください。書籍化にあたりまして、施設やお店の情報に関しては、できる限り更新していますが、現在は提供されていない料理やサービス、改装や改築、閉店した施設やお店の写真も掲載されています。ご了承ください。

写真・文　岡本仁

装釘　小野英作

十勝へ

ばんえい競馬を見ていると、炭鉱町で育った
ぼくにとってさえ、子供の頃はもっと馬との
距離が近かったことを思い出す。

お菓子と開拓史。

冬にしか手に入らない「十三戸《じゅうさんこ》」が『六花亭』のお菓子の中でいちばん好きだ。最初は全体の味の輪郭がぼやっとした感じがするけれど、だんだんと滋味深い甘みが口の中に広がっていく。このお菓子の名前は、帯広開拓の先駆となった晩成社の依田勉三《よだべんぞう》が、１８８３年に13家族27人で十勝内陸部に入植した史実にちなんで付けられたのだそうだ。おそらく『六花亭』のお菓子でいちばん有名だろう「マルセイバターサンド」も、この晩成社が製造していたバターにちなんだ名前だ。

たくさんの人が抱く北海道の風景のイメージは、十勝平野のそれに近いものなのではないかと思う。北海道生まれのぼくにとっても、十勝の風景は開拓時代の記憶をそのまま留めている場所という印象がある。平原と、遠くに見える雪を頂いた山脈と、から松などの防風林に囲まれてポツンとあるカラフルなトタン屋根の家と作業小屋、そして牛や馬。そういう風景ができあがる前の十勝はどのような場所だったのか、そして晩成社とはいったい何だったのか気になり出して『帯広百年記念館』に行ってみた。歴史に関わる展示も面白かったが、ぼくは農具の発展や作物の品種改良などの展示に、より興味を持った。ぼくが子供の頃は「冷害」という言葉をよくニュースで耳にした。寒冷な土地で作物を育てるのがどれほど苦労多く実り少なきことだったのかを、ちょっとは知っている。それを克服してきた先人たちを尊敬する念を忘れないのが、十勝の人々の気風なのだと思った。

十勝へ

開拓とその後の農作業にとって、馬がどれほど大切な存在だったかを知る。
『帯広百年記念館』（帯広市緑ヶ丘２番地）

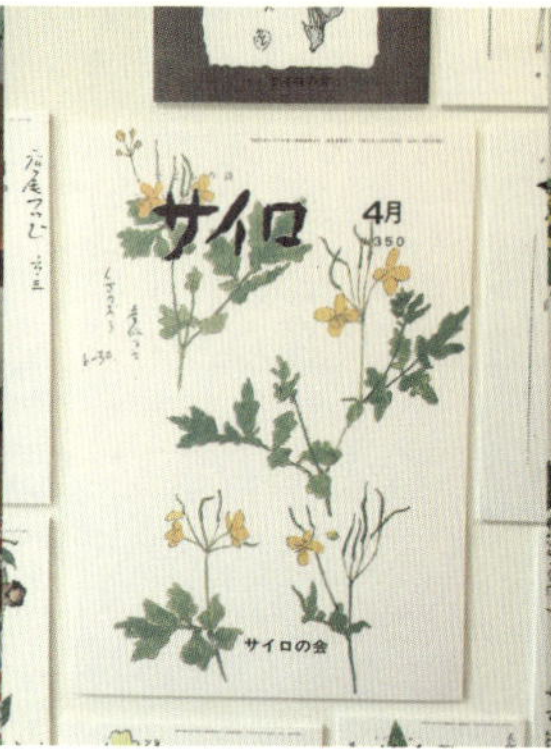

十勝のサイロ。

帯広駅から車で40分ほど南下すると中札内《なかさつない》という村がある。十勝で最も有名な画家は誰かと尋ねたら、誰もが迷わずに坂本直行の名前を挙げるだろう。その絵を知らない人も、『六花亭』の包み紙の花の絵と言われれば、「ああ、あの人か」と思うに違いない。彼の作品が好きだったら『六花の森』（河西郡中札内村常盤西3線249-6）に行くのがいいと教えてもらった。すぐ近くには『中札内美術村』もある。こちらには相原求一朗《あいはらきゅういちろう》や小泉淳作の個人美術館があるそうだ。

開拓民であり画家であった坂本直行（1906～1982）は、美しい山々が印象的な風景画の他に、花の絵も数多く描いた。その絵は『六花亭』のトレードマークになった花柄の包装紙に使われている。花といっても北海道の

野山に咲くものばかり。包装紙に使われている六十数種類のうち、エゾリンドウ、ハマナシ、オオバナノエンレイソウ、カタクリ、エゾリュウキンカ、シラネアオイを「十勝六花」と呼ぶらしい。

　中札内に行った日は、残念ながら天候に恵まれなかった。でも『中札内美術村』で観た絵はどれも美しく、そして『六花の森』の木々や草花も憂いに満ちていた。そして観たかった坂本直行の絵は素晴らしかった。それ以上に素敵だったのは『サイロ五十周年記念館』だった。『サイロ』というのは『六花亭』が発行する児童詩の専門誌だ。その表紙を描いて欲しいと、59年に十勝南部の広尾に住んでいた坂本直行を訪ねたのが『六花亭』(当時は帯広千秋庵)創業者の小田豊四郎で、その翌年に創刊された『サイロ』はいまも刊行され、無料配布されている。そこに掲載された子供たちの詩の自由さは実に愉快なのだ。

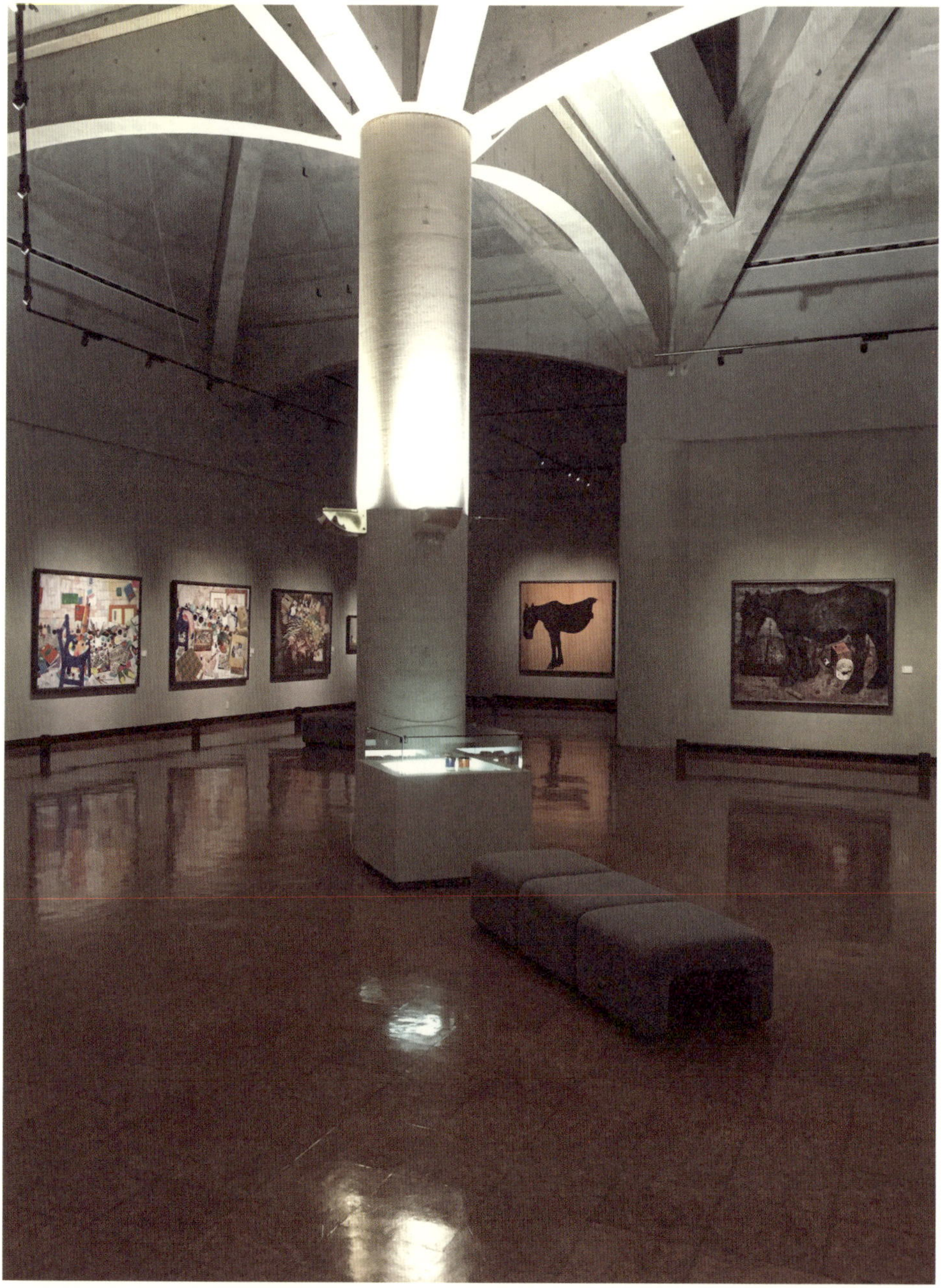

1993年に開館した『**神田日勝記念美術館**』展示室（河東郡鹿追町東町3-2)。

未完の馬。

神田日勝《にっしょう》という画家を知ったのは去年。雑誌に載った奈良美智《よしとも》のインタビューを読んだ時だ。できるだけたくさんの人に知ってもらいたい画家として、奈良が神田日勝の名前を挙げていた。それまで一度も聞いたことがなかったが、気になってすぐに小さな画集を手に入れた。画集の表紙に使われていた絵は「室内風景」という作品で、細密だけれど遠近を失ったような不思議さに惹かれた。これは実際に観るべき作品だと思って調べてみたら、北海道の鹿追町《しかおいちょう》に個人美術館があることがわかった。ぼくが十勝に行こうと決めた理由は、神田日勝のこの「室内風景」という絵と、画集の中にあった「馬」という未完の絵を実際に観てみたいと思ったからだ。

神田日勝は東京の生まれ。1945年の夏に戦火を逃れ、7歳の日勝は一家とともに鹿追に入植した。終戦の前日だったそうだ。中学生になり美術部に入部してから32歳で亡くなるまで、農作業のかたわら描き続けた。彼の年譜を読んでまず驚いたのは、入植したのが第二次大戦中だということだった。ぼくは北海道の開拓や入植というのは、明治から開戦までの間にすべて終わったと思い込んでいた。北海道生まれなのに何も歴史を知らない。

4月の終わりに念願の『神田日勝記念美術館』に行った。「室内風景」は札幌にある『北海道立近代美術館』の収蔵作品だったので、鹿追の前に札幌に寄ったのだが、コレクション展示の中に日勝の絵はなかった。残念だったが、鹿追町で「馬」を観られるのだから良しとしよう。「馬」は教会の大聖堂のような展示室のいちばん奥にあった。

未完の「馬」は思ったよりも大きな絵だった。他のほとんどの大作と同様に、ベニヤ板にペインティングナイフを使って描かれている。背景はまだ描かれておらずベニヤ板のままだ。しかも馬は全身の三分の二くらいまでしかできていない。後ろ脚のない馬を子供の頃に観たら、きっと夢に出てきそうな怖さを感じたかもしれない。近寄ると、できあがっているのかと思っていた前三分の二も、その半分は明らかに未完成で、頭部と前脚は毛の一本一本を細かく描いてあるが、胴の真ん中は下塗りまで終えている段階というふうに見えた。自分が学校の美術の時間に習った絵の描き方は、まずスケッチをしてバランスを考えながら色塗りを進め、細かな部分は最後にするというものだったから、とても驚いた。下塗りの部分は耕作地のようで、そこに苗を植えるように毛を描き込んでいったのだろうか。しかも区画割りでもするかのように、その境目が直線的なのだ。ぼくはこれまで、こんなに細かく一枚の絵を眺めたことはなかったかもしれない。でも、そうせずにはいられない絵だった。美術館を出る時に画集とポストカードを買う。札幌で「室内風景」を観られなかった話をしたら、係の人が6月にここで観られますよと教えてくれた。

そんな事情もあって、ぼくは2カ月の間に2度も鹿追町に来ている。2度目は友人が空港まで車で迎えに来てくれたので、神田日勝の住居跡地にも連れていってもらった。そういえば1度目も2度目も、鹿追町へ行く日は雨が降っていた。空が広い分、暗さと重さが増幅されるように感じる。でも、抜けるような青空と目に眩しい緑の平野よりも、きっとこういう天気の日に観たほうが、神田日勝の絵は心に深く刻まれるのではないかと思った。

「馬(絶筆・未完)」(1970年)の部分。
描いた時の手の動きまで伝わる。

十勝へ

2度目の訪問で、ついに「室内風景」(1970年) を観ることができた。

白樺の熊。

コレクションをしているという意識はまるでないのだが、ぼくはこれまでに木彫りの熊をいったいいくつ買っただろうか。ただ今回のはこれまでと大きく違う点がある。この熊を彫った人がどんな風貌で、どんな喋りかたをして、どんな声を出すかを知っている。つまり作家本人に会い、お願いして譲ってもらったのだ。

高野夕輝《ゆうき》さんに会ったのは偶然が重なったからだ。東京の友人が鹿追町に知人がいるから、時間があれば会ってくるといいと言っていた。そして鹿追町の『神田日勝記念美術館』で、学芸員の方が、きっとぼくの友人が言っていたのと同じ人物のことだと思われる人のことを話し出した。それで連絡を取って会ってもらえることになった。高野さんは家具や木の道具をつくっていて、奥さまは指輪をつくっている。アトリエは自分たちで建てたものだと言う。そして、そのアトリエで木彫りの熊と目が合った。

いや、その熊には目は彫られていなかったのだけど、高野さんがはじめて毛彫りという手法でつくったものだった。

前に別の友人が「どんなに評価の高い作家の作品でも、すでに亡くなってしまった人とは話すことができない。だからぼくは同時代を生きている作家のつくるものが好きだ」と言ったことがある。その時はピンとこなかったけれど、いまならぼくはその意味がとてもよくわかる。帰り際に高野さんが、「これを聴くといいという音楽があったら教えてください」と言った。2枚のレコードを推薦した。あのアトリエに、今日、その曲が流れていたら嬉しい。

十勝へ

譲ってもらった翌日から、ホテルのベッドサイドに
護り神のように置いて、一緒に旅した。
（www.page-hd.com）

なまらうまい。

頼んだのはスリランカ風チキン。スープカレーのようでもあるが、これまで食べたどのカレーとも違う。身体の具合が確実に健全になるような気がする。
『カレーリーフ』
帯広市西17条南5-8-103

お店がある更別村の季節ごとの野菜を中心にした「やさいごはん」と、そこに主菜を付けた「とかちごはん」。ごはんは土鍋で炊いたもの。
『かっこう料理店』
河西郡更別村字勢雄317-8
要予約

帯広名物「中華ちらし」の正体を知りたくて行った店。中華風野菜炒めがのった丼だった。
『春香楼』

お米屋さんの奥にある、おにぎりと惣菜のテイクアウト・コーナー。小さなテーブルと椅子があったので、店内で食べさせてもらった。煮豆が懐かしい味付け。
『奥平米穀店』
帯広市西20条南4-14

豚丼も帯広名物。店の数も多く、それぞれ特徴があるので、誰もが「自分はここ」という贔屓の店を持っていた。この店は豚肉の枚数の違いで松・竹・梅・華の4種類、華ともなると蓋から豚肉が豪快にはみ出している。
『元祖豚丼のぱんちょう』
帯広市西1条南11-19

ジンギスカンは焼くものだというぼくの常識を覆すジンギスカン鍋。煮込んだジンギスカンははじめて食べた。白飯が進みすぎる。
『大阪屋』
河東郡鹿追町栄町1-9

フレンチの惣菜店。店内で食べることもできる。ワインのストックも素晴らしいので、滞在中に2度も行ってしまった。
『トレトゥール ケイコ』
帯広市西1条南8-1-1

十勝は、全国でも有数のそばの産地。とても寒い日だったので温かいのにしたが、次回は冷たいそばも食べたい。
『おびひろ縹（はなだ）』
帯広市西9条南13-3-1

伊勢へ

朝6時半の伊勢神宮内宮は人が少なくて、空気が澄み光は美しく、踏みしめる玉砂利のザクザクという音が身を清めてくれるように感じる。

伊勢に泊まる。

特別に信心深いほうではないと思うのだが、伊勢神宮には何故か数年おきに行っている。ただ、これまで泊まったことはなかった。泊まるのも夜の食事もいつも名古屋だった。伊勢に泊まるという考えが頭に浮かんだことはまるでなかったけれど、今年のはじめに伊勢の隣の松阪《まつさか》出身の友人が、一度でいいから泊まってみてくださいと誘ってくれたので、厚意に甘えてあちこちを案内してもらった。それが想像以上に楽しく、もう日帰りという旅程はあり得ないと思うほどだった。

東京に戻ってから別の友人に伊勢の話をしたら「どこに泊まりましたか?」と訊くので、駅前のビジネスホテルと答えた。外宮《げくう》に近くて早朝参拝も簡単だから、とても便利だったと付け加える。ところが友人は、「とてもいい旅館が古市《ふるいち》にあったのに」と残念そうに言う。なんだか悔しくなってきた。だから今回は、早々にその旅館『麻吉《あさきち》』に予約の電話をしておいたのだ。

古市は伊勢神宮の外宮と内宮を結ぶ参宮街道の、中間にある丘陵地帯のことである。外宮から内宮までおよそ5キロ。徒歩で1時間ほどの距離だろうか。晴れていれば歩いてみるのも一興と考えていたものの、あいにくの土砂降りだったので、外宮からタクシーで『麻吉』に向かう。江戸から徒歩で片道15日といういにしえの参拝者たちのことを考えたら、1時間くらい我慢したらどうかとは思うけれど、靴はもうぐっしょりと濡れてしまっていて、気持ちが悪いので一刻も早く脱ぎたかった。

お蔭参りと呼ばれる伊勢神宮への集団参拝が江戸時代に始まり、1年に200万人とも300万人とも言われる参拝者が伊勢を目指した時代があったそうだ。古市は歓楽街として江戸末期まで栄えていたが、明治になって古市丘陵を迂回する道路が整備されてからは徐々に衰退し、旅館もいまは『麻吉』を残すのみになっている。古市の参宮街道でタクシー

伊勢へ

『**麻吉**』（伊勢市中之町109）の玄関。どうやって建てたのだろうかという造り。客室へ下りていく時は、洞窟探検の気分だった。

土砂降りの神宮外宮（豊受大神宮）。外宮は衣食住をはじめとする産業の守り神。参拝の順番は外宮が先で、それから内宮へ向かう。

渡り廊下から玄関のほうをぼんやりと眺めていたら、通学途中の女学生が何人も通った。行きはいいけれど、帰り道は大変そうだ。

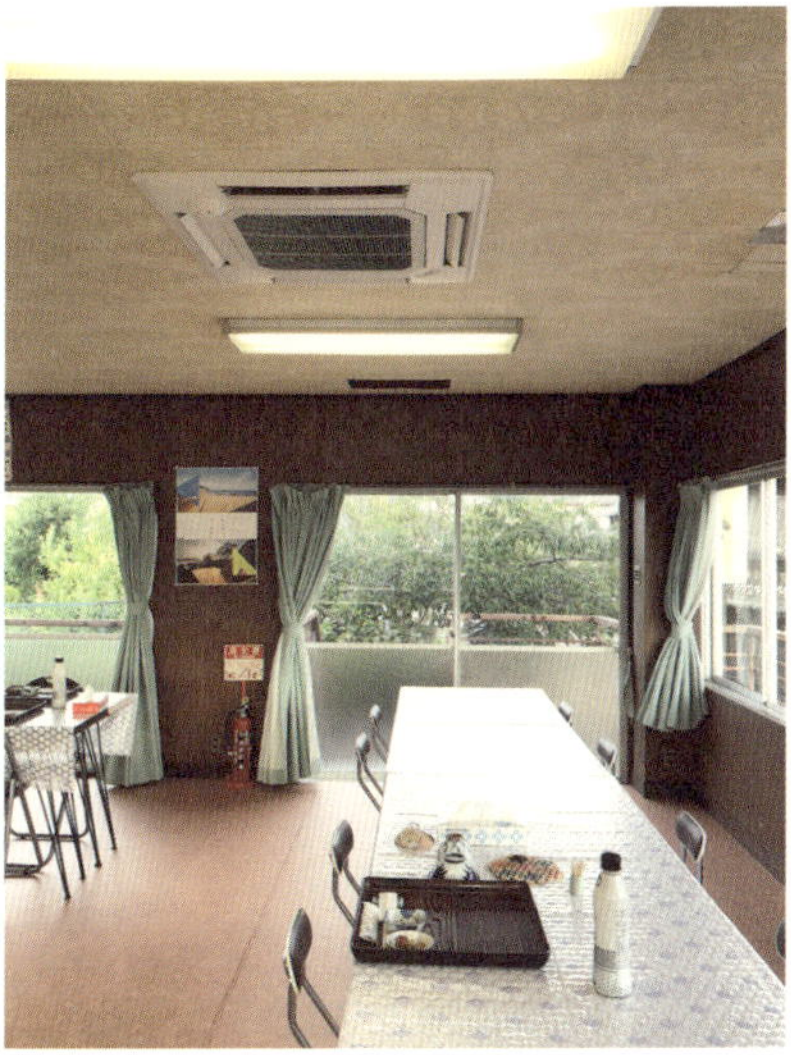

渡り廊下でつながった別棟にある食堂。鰺の干物とサラダと卵焼き、そして小鉢がふたつ。オーソドックスで美味しい朝食だった。

細野晴臣と中沢新一の著書『観光』に載っていた宝船。女将さんが「資料室」を開けてくれたので、本物を見ることができた。嬉しかった。

『麻吉』に泊まってみたかった最大の理由は、最上階にある「聚遠楼」だ。窓からの眺望はもちろん素晴らしく、部屋の設えも美しい。

を降りて脇道に入る。『麻吉』は急な斜面にへばりつくように建てられた木造の旅館で、懸崖《けんがい》造りの5階建て。200年以上前からあったらしいが、はっきりとした始まりは誰にもわからないという。玄関は4階にあり、そこから階段を下りた2階にある客室に通された。その日は疲れていたので、風呂に入り、すぐ横になる。朝、カーテンを開けると雨は止んでいた。

朝食は、渡り廊下でつながった別棟に用意されていた。渡り廊下は崖を下りる石段の上に架かっていて、そこは通学路になっているようだった。ときどき女学生がキャッキャ言いながら駆けていく。

食事が終わってから女将さんにひとつお願いをした。『麻吉』を教えてくれた友人が、そこに泊まりたかった理由を「学生時代に読んだ細野晴臣と中沢新一の『観光―日本霊地巡礼』という本に出てくるから」と言っていたのだが、ぼくもその本を読んでいたし、著者の2人が金屏風の前に宝船が置かれた部屋で撮った記念写真のことも憶えていたから、ぜひ

『猿田彦神社』（伊勢市宇治浦田2-1-10）はみちひらきの神さまと言われていて伊勢参りの始めに詣でるとよいとされている。はじめての参拝だった。

旅館の建物脇の石段を下りて振り返ると、このように2階建てにしか見えない。全体は五層だが、表も2階建てにしか見えないのが面白い。

見せてもらいたかったのだ。女将さんは快く件の大広間「聚遠楼《じゅえんろう》」に通してくれた。往時の豪華絢爛ぶりを偲ばせる、工夫をこらした意匠に見とれ、そして窓からの絶景を堪能する。ただ、床の間に宝船はなかった。随分前に資料室に移したのだそうだ。

礼を言って出発する。参宮街道を内宮のほうへ向かって歩いた。しばらく行くと『伊勢古市参宮街道資料館』という建物があったので寄ってみた。古市の歴史資料の中には、当然のように『麻吉』の昔の写真などもあった。

参宮街道は迷いようのない道で、まっすぐ歩いているうちにすぐに『猿田彦《さるたひこ》神社』の脇に出た。ここから内宮は目と鼻の先である。ただ、目と鼻の間は『おはらい町』や『おかげ横丁』だから、餅やら伊勢うどんやらの誘惑を振り払い、お参りを優先することができるかどうか、はなはだ自信がない。参宮街道のいちばんの難所はそこだ。

木版画の魅力。

赤福をいただいたり自分で買ったりすると、包みに封入されている「伊勢だより」を捨てずに必ず取っておく。表は木版画、裏にはその絵にまつわる伊勢地方の風物詩が印刷されている。毎日、違う絵柄のものが入っているから、かなりの数があるはずだ。ぼくはそのうち、いったい何種類持っているのだろう。大事に取っておくけれど、その都度、違う場所にしまいこむからどのくらいの枚数が家にあるのかわからない。

おかげ横丁にある『徳力富吉郎《とくりきとみきちろう》版画館』に行けば、「伊勢だより」の原画が見られると聞いて、今年のはじめに行ってみた。当然ながら知らないものが多く、飽きずにファイルを見続けた。原画の版画を購入することもできたので、何枚か買って帰った。さらに、ここではその日の赤福に封入されている「伊勢だより」と前日のものが無料でもらえるということも知った。ただ、なんとなく自分としては、食べて集めるのではないから、ズルをしているような後ろめたい感じもなくはなく、とても迷ったのだが、結局は貰うことにした。

その時に展示されていたのは花をテーマにした作品が多かった。中でもカトレアの版画に惹かれた。今回はそれを買おうと思ってやってきたのだが、展示は秋をテーマにしたものに変わっていた。諦めきれずに係の人に尋ねたら、売り切れていなければあるはずですと探してくれた。親切に「こんなのもありますよ」と何種類か出してくれたので、1枚のつもりが2枚になってしまった。

版画なので一枚一枚が微妙に違う。
じっくり見比べて、目的のカトレアと薔薇を買うことにした。
『徳力富吉郎版画館』（宇治中之切町52）

参宮線に乗って。

古くは伊勢神宮参拝の前に二見浦でみそぎを行うのが正式だったと聞いた。二見浦には『御福餅《おふくもち》本家』(伊勢市二見町茶屋568-1に移転)もある。調べてみると伊勢市駅からJR参宮線でわずか7分だ。さらにそのまま足をのばせば鳥羽駅もすぐ。鳥羽には内藤廣が設計した『海の博物館』(鳥羽市浦村町大吉1731-68)がある。まず二見浦駅で降りて、そこから『二見《ふたみ》興玉《おきたま》神社』(伊勢市二見町江575)へ。すぐに踵を返して『御福餅本家』のお福アイスマックを食べる。また電車に飛び乗って鳥羽へ。『海の博物館』は展示内容も建物もとても興味深くて大満足。ただ鳥羽駅でバスに乗り間違えて、昼ごはんを食べ損ねてしまった。道中は鳥羽名物の大エビフライのことばかり考えていたので心残りでならない。

OFUKU ICE MAC

夫婦岩へ

TOBA SEA - FOLK MUSEUM
鳥羽市立
鳥羽
海の博物館

鳥羽駅
TOBA STATION

海の博物館

伊勢の博多鋏。

神宮外宮の参道をぶらぶらしていたら『菊一』という刃物屋があった。いかにも歴史がありそうな店構えで、外から覗くと「御用 御刀鍛冶《おんかたなかじ》司」という看板が見える。そういえば前に住んでいた鎌倉にも『菊一』という刃物とぎの店があって、ぼくはそこで花鋏を買ったことがある。何か関係があるのかもしれない。ランチの予約までまだ少し時間があったし、ちょうど紙切り鋏が欲しいと思っていたから、店に入った。紙ならば博多鋏がいいでしょうと言われた。中くらいのサイズのものを出してもらう。黒い握りの部分は、四本指と親指を入れる穴の大きさが同じだ。博多鋏といえば、握りも先の部分と同じ素材で、握りの根元の部分に菱紋があるものだと思っていたが、この黒い握りはすごく好みだった。代金を支払う時に、鎌倉にも同じ名前の店があるという話をしたら、特に関係はないという。菊一という屋号の刃物屋はわりと多いらしい。鎌倉の『菊一』で花鋏を買った時は、いつでも花が活けてある家に憧れてのことだったが、ついぞ使う機会はなかった。紙を切るための鋏ならそんな心配はないだろう。

　前に家からそう遠くない店で庖丁を買ったことがある。そのまま家に戻らずに電車に乗ってからハッとなった。紙袋には庖丁が入っている。いま職務質問をされたら怪しまれるのだろうか。そう思い内ポケットに身分を証明するものを持っていたかどうかをあわてて探った。旅先で刃物を買うのは気を使う。鋏ならば大丈夫だと思ったが、念のため財布に免許証が入っているかどうかは確認した。

明治40年の創業だそうだ。
『**伊勢 菊一**』(伊勢市本町18-18)

めっちゃうまいやろ。

薪窯があるダイニングバー。お酒を飲むための美味しい料理がある店なので、ピザだけを目当てに来ることはできない。伊勢産の海苔のピザ。海苔は香り良く、味の濃さが素晴らしかった。
『のうさぎや』
伊勢市河崎2-11-2

ランチタイムに行ったので、ココット料理は伊勢うどんだけだった。それにしてもココットでつくる伊勢うどんってどんなのなんだろうか。興味津々。
『ココット山下』
伊勢市本町19-21

午後2時開店だが、その時間は暖簾が出ていないことが多いようだ。でも中に人の気配はある。思い切って戸を開けると、すでに楽しそうに飲んでいる人たちがいた。湯豆腐が有名。ぼくは最後にカレーライスを食べられるところが気に入っている。
『一月家』
伊勢市曽祢2-4-4

古い町並みが残る河崎地区の食堂。前はオムライスを食べた。今回はカレーうどんを選んだ。蕎麦屋のカレーとは違う、かなり本格的な味で驚いた。
『つたや』
伊勢市河崎2-22-24

こちらは午後4時開店。肴はどれも美味しいが、まずは鰯の酢漬けから。
『向井 酒の店』
伊勢市宮後2-5-26

頼んだのはドライカレー。それにカレールーをかけるというスタイルだった。常連さんから聞いた話では、さらにポークカツをのせる人が多いらしい。
『キッチンクック』
伊勢市岩渕2-7-29

伊勢に住む人々のソウルフード。焼き餃子と水餃子とおでん。あとはカニコロッケと鶏唐揚げ。帰りにおにぎりを持ち帰って翌日の朝食にした。
『ぎょうざの美鈴』
伊勢市宮町1-2-17

外宮参道の脇にちょっと入ったところにあって見逃していた。もっと早くに気づいていたら毎日通ったのに。
『カミノコーヒー』
伊勢市吹上1-4-13

つくばへ

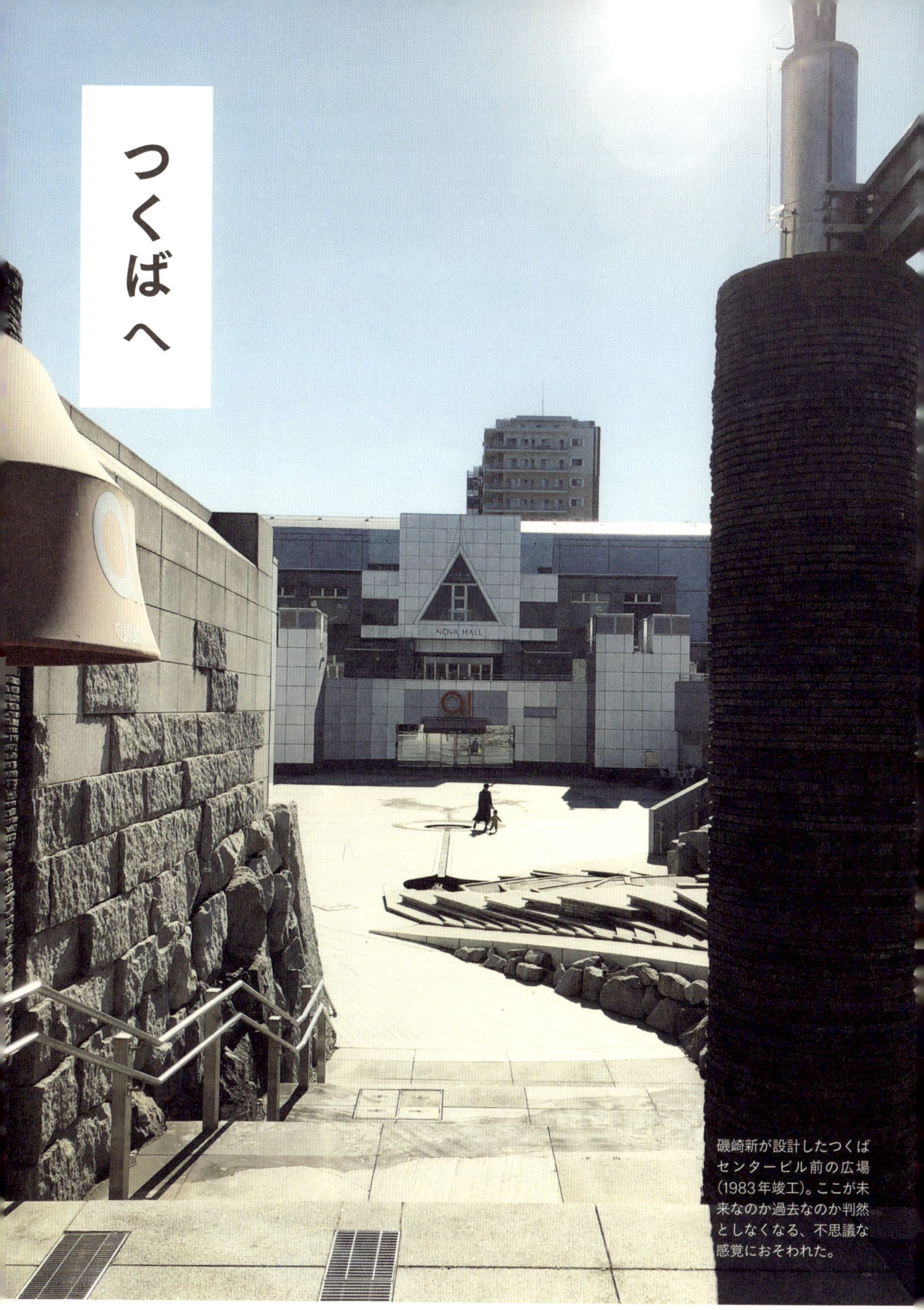

磯崎新が設計したつくばセンタービル前の広場（1983年竣工）。ここが未来なのか過去なのか判然としなくなる、不思議な感覚におそわれた。

センターの外。

いまは鹿児島に住んでいる年下の友人が誘ってくれなかったら、ぼくがつくばに行くことはなかったかもしれない。彼は筑波大学に通い、卒業後もそのままつくばに住みついた青年で、つくばの魅力をしきりに周囲の仲間たちに向けて発信していた。ぼくもそれを読んでいたひとりだ。彼がつくばに住んでいる間は行けずじまいだったのに、鹿児島で久しぶりに会った時に、つくばに里帰りするタイミングでよければ案内しますよと言ってくれた。いや、彼は鹿児島出身だから本来は里帰りではないのだが。

筑波大学のお膝元だし、そこには学生街のようなエリアがあり、大人と若者が入り交じって熱気ムンムンで盛り上がっているのだろう。ぼくが勝手に想像してきたつくばの姿は、そんな感じだった。ところが実際に行ってみると学生街や商店街はなく、人影の少ない整然とした街区がそこに広がっていた。無機質とか無菌とか、そんな感じだ。友人の発信する情報の中で生き生きと動いていたあの人たちや、毎日でも通いたくなるようなあの店は、いったいどこにいる／あるのだろうか。朝から友人と一緒に、有名建築家の設計した建物や大学の中などを見てまわっているうちに、疑問がどんどん膨らんでいく。

空腹がその謎を解いてくれた。昼ごはんを食べようと歩き出すと、友人は「ぼくらが到着してからぐるぐるまわっていたのは『センター』と呼ばれる地区で、これから行く場所はその外にあります」と言った。まっすぐな幹線道路をそれて脇道に入る。曲がりくねった細道の両側は畑で、先の方に雑木林があり、目をこらすと墓地があるようだ。友人は墓石の間をずんずん進む。そしてニッコリと笑いながら「ここです」と振り返った。コンクリートの巨大な塊が、彼の指差す方向にある。ひとりだったら何処が

つくばへ

『千年一日珈琲焙煎所』。店内でのライヴや、アーティストの作品展示なども随時あるようだ。あと、マスターはけん玉1級の腕前らしい。焙煎所は右の写真の店舗から30mほど離れた所に移転。

自家焙煎のコーヒー店。豆を買う、テイクアウトする、あるいはその場で飲んでいく。**『千年一日珈琲焙煎所』**現在はCAFÉとして営業。（つくば市天久保3-21-3 星谷ビル1F）

『ピープル・ブックストア』。トークや音楽などイベントの企画も多く手がけている。狭い店ゆえ、ここが会場になるケースはあまりない。

新刊、古書、小出版物、CD、レコードなどを扱っている書店。**『ピープル・ブックストア』**（つくば市天久保3-21-3 星谷ビル1F）

パンとフィリングを選んで注文するとその場でつくってくれるサンドイッチ。ぼく個人は、いつか全種類制覇することを目標にしている。

店名ほどドイツパンという感じはなく、より自由で優しい雰囲気のパン屋。『**ベッカライ・ブロートツァイト**』（つくば市天久保2-10-20）

入口かわからずにおろおろしたに違いない。友人に従って中に入ると、ランチタイムの喧騒がわーんと耳に飛び込んできた。さっきまでいたセンター地区に欠けているものはこれだと、すぐに思った。

昼食後は友人がアルバイトしていたというパン屋に向かってセンター地区を歩く。30分くらいかかったろうか。それが腹ごなしにちょうど良かった。そのパン屋もやっぱりセンターの外にあった。サンドイッチがあまりにも美味しそうだったから買ってすぐに食べてしまう。「次はホシヤビルに行きましょう」と友人がまた歩き始める。そこは誰の設計したビルなのだろうかと期待が増す。

ホシヤビルは2階建てのアパートのような建物だった。その1階に何軒かテナントが入っている。目当ての書店はまだ開店していなかったので、まずは建物左端にある自家焙煎のコーヒー店に寄ってみた。しばらくコーヒーを飲みながら話をしているうちに、隣の書店のシャッターが開く音がした。古書が多いが、新刊も扱っていて、いずれも店主の考えの芯に

こちらが古い蔵を改造したショップ兼ギャラリー『**シンゴスター・リビング**』。以前はカフェの営業もこちらでやっていた。（つくば市小野崎448-1）

天窓から差し込む光が美しい『**コックス**』は、同じ敷地内にあるショップ兼ギャラリー『シンゴスター・リビング』の食事棟。

何があるかが窺い知れる品揃えだ。探していた本を見つけ、それを買う。どの店でも顔を見るなり「おかえり」と声をかけられていた友人とは、夕食の約束だけしてそこで別れ、ひとりでホテルまでセンター地区を歩いた。

絵に描いたような学生街はなかったけれど、ちょっと悪いことも含めて教えてくれそうな頼り甲斐のある先輩たちは、センターの外で自らの考えに従って独自の活動をしていた。計画的に整備されたセンター地区が、住人たちの営みに沿って長い年月のうちに出来上がった場所とはあまりにも違ったので、どこにも似ていない街だなと感じていたが、街を面白くするものが不足しているわけではないことがわかる。ただ、それがまだらに混じり合っているのではなく、すぱっと分かれているだけなのだ。だとしたら、自分がそこを縦横無尽に編み合わせればいいじゃないか。そもそも歩くことが好きなぼくにとって、つくばが楽しくないわけがない。スマートフォンの歩数計を見たら2万歩を超えていた。

栓抜きタワー。

磯崎新《あらた》が設計した建物があるというのが、つくばを訪ねようと思ったもうひとつの動機だった。来てみると磯崎だけではなく、他の名だたる建築家たちによる建物も点在していて、見て歩くだけで一日はあっという間に過ぎた。なかでも松見公園にある展望塔とレストハウスが印象的だった。設計は菊竹清《きよ》訓《のり》。他の街でも菊竹作品を見たことがあって、それらと同じように、このタワーもかなり風変わりなデザインである。その形から「栓抜きタワー」と呼ばれているそうだ。たしかに遠目にはまっすぐな棒に四角い枠が取り付けられたように見える。

1976年の竣工からかなり年月が過ぎているので、展望塔にはもう上れないのだろうと諦めていたのだが、有料エレベーターはちゃんと動いていて、地上45メートルの展望階に上がることが可能だった。エレベーターの扉が開く。展望階の東側と西側は壁で、そこにモザイク壁画があった。「天門」という壁画のタイトルと、西田明《あけ》未《み》という作者の名前をメモした。さらに上に行く階段がある。ゆっくりと上ってみた。栓抜き上部のへりは屋上になっていて360度の大パノラマが望める。筑波山もきれいに見えた。

ぼくはすっかり栓抜きタワーが気に入った。塔からの眺めも素晴らしかったが、それ以上に、池に浮かぶように張り出したレストハウスの居心地が良かった。つくばに滞在している間、朝の散歩がてら『ベッカライ・ブロートツァイト』までサンドイッチを買いに行き、コンビニに寄ってコーヒーを買い、レストハウスで食べるのを日課にした。

松見公園の池からニョキッと生えた栓抜きタワー。
展望階へ行くエレベーターは有料。
利用可能時間は9時から17時まで（つくば市天久保1-4）。

筑波山登頂記。

夕方、宿泊したホテルの窓から筑波山を眺めていたら、行ってみようかなという気持ちになってきた。意外に標高が低く、標高８００メートルまではケーブルカーでも行けるらしい。天気が良ければ、富士山もスカイツリーも見える絶景ポイントだそうだ。つくば駅から筑波山神社まではシャトルバスで40分ほど。景色を見て帰るだけでも充分に楽しそうではないか。しかも、明日の天気予報は快晴なのである。

　ということで翌日は、美しい景色を見ながらの朝ごはんを思い浮かべ、朝いちばんのケーブルカーに間に合うバスに乗った。筑波山神社のバス停で降り、ケーブルカーの宮脇駅を目指す。山の中腹にある駅だから当然ながら上り坂だ。看板の矢印に従って歩くと、神

社の本殿に続く階段を上らなければならなくなった。お詣りして、裏手にあるはずの駅に向かうと階段。ようやく宮脇駅が見えた。矢印に従って乗り場を目指す。さらに階段。あと39段という表示があった。ケーブルカーに乗ること8分で筑波山頂駅に到着する。さて、朝食をと思ったが、どこも開いていない。さっきケーブルカーに同乗した人たちは、どうやら山頂駅周囲にある飲食店のスタッフだったようだ。扉が開いていた唯一の店に入る。まだ開店前だったが、ぼくの様子を見てかわいそうに思ってくれたのか、コーヒーだけならばと招き入れてくれた。2階でいただく。屋上は見晴台になっているようで、螺旋階段を上がり扉を開ける。遠くにたしかに富士山が見えた。美しい。頂上まではすぐらしかったが、自分のあまりにも無計画な服装では危険だと察知し、ほうほうの体で戻ることにした。でも、気は済んだ。行って良かったと思う。

チーズとワイン。

実際に行く前までは、ぼくにとってつくばは美味しいワインとチーズのある街というイメージしかなかった。フランスのワインならば少しは銘柄とか葡萄の品種などを憶えているが、イタリアワインとなるとまったく知識がない。ある時に友人宅で飲ませてもらったイタリアワインが鮮烈な味がして、いたく気に入った。友人に尋ねたら、つくばにある『ヴィナイオータ』というインポーターが扱っているもので、そこが輸入したワインなら間違いないと教えてくれたのだ。以来、ぼくはイタリア料理店に行って、薦められるワインがヴィナイオータのものならば、そればかりお願いするようになった。そのうち、そういう店には「ヴィアザビオのチーズ」とメニューに書いてあることが多いと気づいた。『ヴィアザビオ』もヨーロッパからオーガニック・チーズを直輸入している専門商社だという。そして直営の店舗がつくばにあることもわかった。つまり、つくばに行けばとびきりのワインとチーズが手に入れられるということだ。

勇んで出かけたつくばだったが、ヴィナイオータ直営のショップ兼食堂は新築工事のため休業に入っていた。もちろん他に売っている店がまったくないわけではないようだが、時間もそれほどなかったから、ワインは諦めてチーズを買いに行った。とはいえたくさんの種類があって、親切にいろいろと教えてくれるのだが、結局、耳馴染みのあるフランス東部のチーズ「コンテ」を選ぶ。ぼくにはチャレンジ精神がまるでないと、つくづく思った。

つくばへ

この店が扱うチーズは、すべて農薬や除草剤などを使わない牧草を食べた
牛や羊や山羊の乳からつくられたもの。
『ヴィアザビオ』の直営ショップ『**ラ・マリニエール**』(つくば市天久保2-10-1)。

食は外にあり。

定食のみ。日に1種類のおかずと小鉢と味噌汁。先払い。ごはんとお茶はセルフサービス。自分で片付ける。ひとりできりもりするための方式も、この店だと温かく感じる。
『あすかて食堂』

朝7時開店のラーメン屋。身体に負担のない優しい味で、朝に適したラーメンだと思う。
『松屋食堂』

ちょっと郊外にある中華料理店。何を頼んでも美味しい。特に麻婆豆腐。店先では、冬期限定のテイクアウトの中華まんを売っていて、そちらも気になった。
『珍楽飯店』
つくば市下横場425-31

こちらはいわゆる町中華。家族連れもいれば、お酒を楽しむ男性客の団体もいて、街にとって大事な食堂だということがすぐわかる。
『中華ヤマト』
つくば市二の宮2-1-4

まだ昼にしか行ったことがなく、それもスンドゥブチゲ定食しか食べていないが、もうすでに大ファンになってしまった。辛さ以外の繊細な味わいが堪能できる。
『白飯家』

コンクリートの巨石のような外観にまず驚く。朝8時開店。朝食も楽しめ、昼食時のランチプレートは充実、焼き菓子類も美味しいのでティータイムにも最適。使い勝手がとてもいい。
『コックス』
つくば市小野崎448-1

古い列車をそのまま店舗にしたと思われる。おでんと焼き鳥。個人的には漬物がいつも楽しみ。その時季によって内容が違うのだそうだ。
『炭がま』
つくば市二の宮2-1-5

ぼくの好物のタイ北部料理を出す店があると聞き、少し遠出。なにしろ「ネーム・クック」をはじめ100種類を超えるメニューがあるのだ。
『タイレストラン パヤオ』
稲敷郡阿見町うずら野2-6-1

奄美へ

奄美みやげに黒糖を買おうと寄った店。隣接する工場で搾りたてのサトウキビ汁を煮詰めていた。
「水間黒糖工場」(大島郡龍郷町中勝1400)

島と教会。

奄美大島は奄美群島最大の島だ。北部は平坦な農地もあるが、南部はほとんどが山地だと聞いている。2年前の暮れに用事があって来た時、同行の友人夫妻が、島のあちこちに行くにはこちらのほうが便利だからと、奄美市の名瀬に宿を取ってくれた。それまでは空港に近い、海沿いのホテルで過ごすだけだったから、綺麗なビーチリゾートという感想しかなかったのだが、名瀬に泊まったことでぼくの奄美観は大きく変わった。

その時にいちばん印象的だったのは、彼らが連れていってくれたカトリック教会だった。「知り合いの若い建築家が内部を改修したばかりだから、見学していきましょう」と誘われ、「奄美に来たのに、どうしてカトリック教会に？」と内心では思ったものの、黙って従うことにした。教会の名は『カトリック名《な》瀬《ぜ》聖《み》心《こころ》教会』。聖堂の美しさ、特に採光の仕方と色使いに溜息をもらすと同時に、いくつかの興味深い事実を知る。最も驚いたのは、奄美は地域の人口に対するカトリック信者の割合が長崎と並んで高く、全国平均の6倍で、島内には他にもカトリック教会が多数点在するという事実だった。帰りに島内にある教会の位置を示したパンフレットをもらったが、地図には加計呂麻島《かけろまじま》と喜界島《きかいじま》を含めて32もの教会が載っていた。友人夫妻も興味を持ったらしい。次に来

奄美の教会に興味を持つきっかけになった『名瀬聖心教会』聖堂。

『大笠利カトリック教会』にある「アンゼラスの鐘」の逸話を知る。

刈り取られ短く切り揃えられたサトウキビ。1月から4月が収穫期。

看板を見落とすと通り過ぎてしまいそうな『カトリック赤尾木教会』。

『手花部（てけぶ）カトリック教会』の隣は広くはないがサトウキビ畑だった。

何度も通り過ぎてしまった佐仁の教会。改修をするのだろうか。

同教会（上段・左）聖堂。奄美で布教活動が始まったのは1892年。

『秋名カトリック教会』。旧暦8月の新節行事が有名な集落。

同教会（右）の内部。完成当時（1929年）の原型を残している。

南洲神社の鳥居の隣にマリア像。『カトリック芦花部（あしけぶ）教会』。

ることがあったら教会をめぐってみましょうという話になった。

思ったよりもずっと早く、約束が果たされることになったのが今回の旅である。レンタカーに乗って、まずは『名瀬聖心教会』に向かい、そこから『大笠《おおかさ》利《り》カトリック教会』を目指す。出発してすぐに「カトリック赤尾木教会」という看板が見えたので車を停めた。教会は見当たらなかったが、集会場のような建物の屋根に小さな十字架が付いていることに気づいた。近寄るとその建物こそが目指す教会だったのだ。順路の最初がこの教会になったことは幸運だったと思う。名瀬のような大きな教会がたくさんあるのだという先入観が取り払われたおかげで、ぼくらの意識が変わったのだ。それでも教会を見逃してしまい、後戻りすることも数回あった。目印の十字架が台風で飛ばされたらしい教会もあったし、入口に板を張り完全に塞いであったために何度も前を通り過ぎてしまった教会もあった。途中で奄美名物の鶏飯《けいはん》を食べて、この日は笠利地区で7つの教会を見た。翌日は違うことをするつもりでいたのだが、なんだかもっと教会を見てまわりたくなり、予定を変更してさらに龍郷《たつごう》地区にある7つの教会を見た。

手作りのカバーをかけた座布団を敷いてあるパイプ椅子が並ぶ、まさに広間といった趣のものや、神社の鳥居のすぐ隣にあるものや、なにかの作業小屋のように小さなものなど、カトリック教会という言葉から連想する外観や内部とはずいぶん違う建物も多かったが、むしろその在り方ゆえに、信者にとっての切実さが伝わってくるように感じられる。そして自然に疑問がいくつかわいてきた。どうしてこれほどまでにカトリック教会が多いのかということ。そしてその半数近くが笠利と龍郷という、奄美大島北部の集落にあるのかということ。

車で教会めぐりをしている間、サトウキビを積んだトラックとよくすれ違った。ちょうど収穫の季節だったようだ。道路にときどき小枝が落ちているなと思っていたのだけれど、あれは荷台からこぼれ落ちたサトウキビだったのである。島の北端の岬を大

『カトリック安木屋場（あんきゃば）教会』。壁の色使いはメキシコを思わせる。

同教会（右）の十字架。おそらく台風で飛ばされたものなのだと思う。

『カトリック嘉渡教会』内部。教会の敷地を鶏が歩いていた。

同教会（右）内部。迫害の歴史を耐えた末に得られた静けさなのだ。

『瀬留カトリック教会』の建物は国の登録有形文化財になっている。

『カトリック龍郷教会』。西郷南洲流謫（るたく）跡の近くにあった。

きくまわり込むと、車の窓から見える海はもう太平洋ではなく東シナ海だ。その蒼さは、いままで見ていた太平洋よりもいちだんと濃くなった。

　3日目に名瀬にある『奄美市立奄美博物館』を訪れた。教会をめぐるという目的を持ってまわったら、いままで知ろうとしたことのない奄美大島の歴史を学びたくなった。カトリック教会だけでなく、シマ唄や大島紬などの文化についても、知るべきことはまだ山ほどあるはずだ。

画家と亜熱帯。

1984年に放映されたテレビ番組によって、田中一村の名前と才能がようやく知れわたることになった時、彼はすでにこの世の人ではなかった。かつて「神童」と呼ばれていたのに、その後は画壇に認められず、失意のうちに一村が奄美大島の名瀬港に到着したのは1958年だ。大島紬の染色工として生計を立て、貧しさや病と闘いながら奄美の自然を描いて、1977年9月に亡くなった。

ぼくが『鹿児島市立美術館』で一村が描いた絵をはじめて観たのは2010年だ。大きな展覧会だった。彼の生涯も、『田中一村記念美術館』が奄美大島にあることも、その時に知った。いまは奄美に行く機会があれば、空港からほど近いところにある美術館に必ず寄るようにしている。奄美で観る田中一村の絵は、鹿児島市で観た時となにか印象が違うように感じる。それはおそらく、美術館の外に出れば、一村が描いた植物がすぐそこにあるからだと思う。アダン、クワズイモ、ソテツ、ガジュマル、ビロウ、インドゴムノキ……。中に分け入って一村の見た世界を体感したくなるが、「ハブに注意」という看板を何度か目にしているので、遠くから眺めるだけにする。

今回はじめて、一村の住居跡があると教えてもらい、行ってみることにした。亡くなる年の9月1日から11日までの10日あまりを過ごしただけの板張りの平家。台風の通り道である奄美大島の伝統的な様式だそうだ。田中一村の不遇を、見る者の心に深く刻みつけるような建物だった。

奄美へ

美術館は空港の近く『鹿児島県奄美パーク』内にある。生涯の各時期の絵が展示されていて、
奄美大島の風土が彼の作風にどれほど強く影響を与えたかがよくわかる。©2025 Hiroshi Niiyama
『田中一村記念美術館』（奄美市笠利町節田1834）
右ページ・**『田中一村終焉の家』**（奄美市名瀬有屋町38-3）

金井くんが藍染めと草木染めの技法でつくった暖簾。
このスペースの隅には、泥染めされたギターやウッドボウルが飾られていた。
『金井工芸』（大島郡龍郷町戸口2205-1）

泥とテーチ木。

　1300年ほどの歴史があると言われる大島紬は、工程ごとに専門の職人が担当する完全分業制でつくられている。前にアメリカ西海岸のLA在住のデザイナーがつくった洋服を、奄美大島で泥染めしているという話に興味を持ち、取材をさせてもらったことがある。その時に知り合ったのが金井志人《ゆきひと》くんだ。彼の家は大島紬の染めを生業とする『金井工芸』という工房で、LAの洋服の染めは彼が担当していた。泥染めといっても、泥だけで染めるのではなく、奄美では「テーチ木《キ》」と呼ばれているシャリンバイの木から煮出した赤褐色の染料も使い、染めては洗うという作業を何度も繰り返して黒の濃さを決めるのだと教えてもらった。

　2年前の暮れにまた彼を訪ねた際、『金井工芸』は彼が2代目なのだと聞き、びっくりした。しかも、例えば15代にもわたる長期に続いているような工房は、おそらく島にはそんなにないだろうと言うのだ。「奄美の泥染めは、どこかの家で代々続く誰かのものというよりも、島のものという感覚のほうが強くて、それをさせてもらっていると捉えています」と彼が続けるのを聞いていて、それがこの島で生きる上でいちばん大切な考え方なのだろうと感じた。

　LAのデザイナーとの共同作業がきっかけとなり、彼は大島紬の工程のひとつだった染めの技術を、外の世界で使う機会に恵まれるようになった。自分たちを育んだ環境が外からどのように見えるのかを知り、伝統という枠から離してみるという経験を積んでいる。

唄遊《うたあそ》び。

シマ唄を聴きながら郷土料理を食べましょうと誘われて、店内にステージがあって、ライヴを聴きながら食事するジャズバーみたいなものを想像した。ところが予約してあるという『郷土料理かずみ』に入ってみたら、カウンターと畳敷きの小上がりのみの普通の居酒屋だった。女将はシマ唄の名人だと聞いているが、紬を着ているわけでもなく、ずうっと厨房で料理している。そのうちに常連らしき男性客が入ってきて、やにわに小上がりの隅に置いてあった三味線のチューニングをしながら、奄美大島の伝統歌謡であるシマ唄について説明する。彼が伴奏をして、女将が歌うのだろうか。でも女将は相変わらずテキパキと料理を続けている。準備が整ったのか、男性が三味線を弾きながら歌い始めた。そして掛け合いのように女将も加わる。でも、合間には魚を丸揚げしているのだ。つまりここは伝統芸能を静聴する店ではなく、シマ唄の本来の遊び方を体験させてくれる場だったのだ。だんだん店全体が熱気を帯びてきて、客はチヂンという太鼓を順番に持たされて打楽器を担当する。そして最後は立ち上がって踊る。ぼくの身振り手振りはまったくもって適当だった。

シマ唄の名人のことは唄者《うたしゃ》と呼ぶのだそうだ。声の良さや歌の上手さは当然だが、それだけでなく、歌詞の意味や背景を知っていて、誰かが歌い始めた時に即興でその場に応じた返しの唄を歌える人のことだという。日々の生活の厳しさや辛さを吹き飛ばすために唄があり、唄遊びがある。体験できて良かった。

女将の西和美さんは1985年の「奄美民謡大賞」グランプリ受賞者だそうだ。
この夜は彼女のシマ唄と島料理の両方に魅了された。
『**郷土料理かずみ**』（奄美市名瀬末広町15-16）

みしょれ。

こちらは朝7時30分開店。サンドイッチとコーヒーの朝食。通勤・通学前にテイクアウトしていく人も多い。
『サンドイッチカフェ奄美』
奄美市名瀬幸町8-2

奄美の果実などを使ったジェラートの店。黒糖とパッションフルーツの2種類を盛り合わせてもらう。
『ラフォンテ』
大島郡龍郷町赤尾木1325-3

ブラジル料理の店。たまたま訪れたのが週に一度のカレーの日だったので、とろとろの「あかりん豚なんこつカレー」を。
『オ・パッキャマラド』
奄美市名瀬伊津部町17-24-1F

肉料理の火の入れ方が絶妙。ソーセージなどの加工肉類や赤身魚のクスクス・サラダなど、ワインに合いそうな料理ばかりで、ぼくにはメニューがなかなか決められない。
『架空食堂 kurau』
奄美市名瀬金久町16-6

豆腐店直営の食堂。「くみあげ湯葉丼セット」を注文。帰りがけにレジ横にあった豆腐ドーナツを買ったらすごく美味しかった。
『島とうふ屋』
大島郡龍郷町中勝1561-1

「みき」は米とサツマイモと砂糖でつくられる発酵飲料だ。島内のどこでも目にするので存在は知っていたが、これまで試したことがなかった。はじめて飲んだ印象は、どろっとして甘酒に少し酸味が加わった感じ。
『竹山食品』
大島郡瀬戸内町古仁屋1114-60

はじめて食べた鰻のサネン蒸し。月桃（サネン）の葉で鰻の混ぜご飯を包んで蒸した料理で、蓋を開けた時の鮮烈な香りが忘れられない。
『一村』
奄美市名瀬柳町12-3

開店は夜。内装がキッチュで楽しい喫茶店。晩ごはんを食べた帰りに寄って、甘い物を頼むのが日課のようになってしまった。
『貴望』
奄美市名瀬金久町6-3

庄内へ

友人に誘われて訪れた鶴岡のこけし工人・五十嵐嘉行さんの家。こけしのことは詳しくないが、どれも表情がとても愛らしいと感じる。

リアリズムの鬼。

建築を見るのが好きだ。特に公共建築は、たくさんの人々がその中を行き交う大きなスケールのものを、設計者がどのように頭の中でイメージして現実の建物にするのかとか、あるいはその中を実際に歩いた時に、ここがこうなっているのはこういう考えからなのかなとか、想像してみることがとても楽しい。とりわけ美術館は、主役である美術作品に対して観客がどのように心を動かすのかまでを考えてあって、主役以上に目立ってはよろしくないけれど、この建物で観たから、以前から知っている作品がより身近に感じられたということが起こる場合がある。だから時間があればどこの町に行っても寄ってみるようにしている。これまで、そう感じられた美術館の設計者が谷口吉生《よしお》であることが多かったのはどうしてだろう。香川県丸亀市の『猪熊弦一郎現代美術館』や石川県金沢市の『鈴木大拙館』や愛知県豊田市の『豊田市美術館』などがそうだ。酒田市出身の写真家である土門拳の記念館も、建物の設計者が谷口吉生だからという理由で数年前にはじめて訪れた。

土門拳の写真は、写真というものを意識するずいぶん前から名前を知っていたし写真も見かけていたが、苦手なタイプだと決めつけていたことを正直に告白しなければならない。写真を美術として意識しだしてからは、同時代の写真家である木村伊兵衛との対比という形で、知識だけで頭が満たされてしまった。「対比」しやすい存在があると、その違いがくっきりと浮かび上がるように、実際以上に作風やエピソードや発言が対照的であると強調される傾向はどの世界にもあって、ぼくはそんな感じで、土門拳を木村伊兵衛と並べて認識し、作品をたくさん観たわけでもないのに、木村伊兵衛のほうが好きだと結論づけてしまっていたわけだ。でも、作品そのものよりも木村の出身地が東京だというところのほうに着目し、都会への憧れと一緒くたにしてしまっていただけなのだろう。

建物の前に池がある。白鳥池が正式名なのだと思うが、ほとりに詩人・草野心平による銘石があり、そこには「拳湖」と彫られている。

『土門拳記念館』（酒田市飯森山2-13）は飯森山公園の中にある。設計は谷口吉生。1983年にオープン、土門拳作品を約13万5千点所蔵する。

土門拳の自宅の写真。右側は人名がぎっしり書かれた襖。土門がこの先にポートレイトを撮りたいと考えていた人物のリストである。

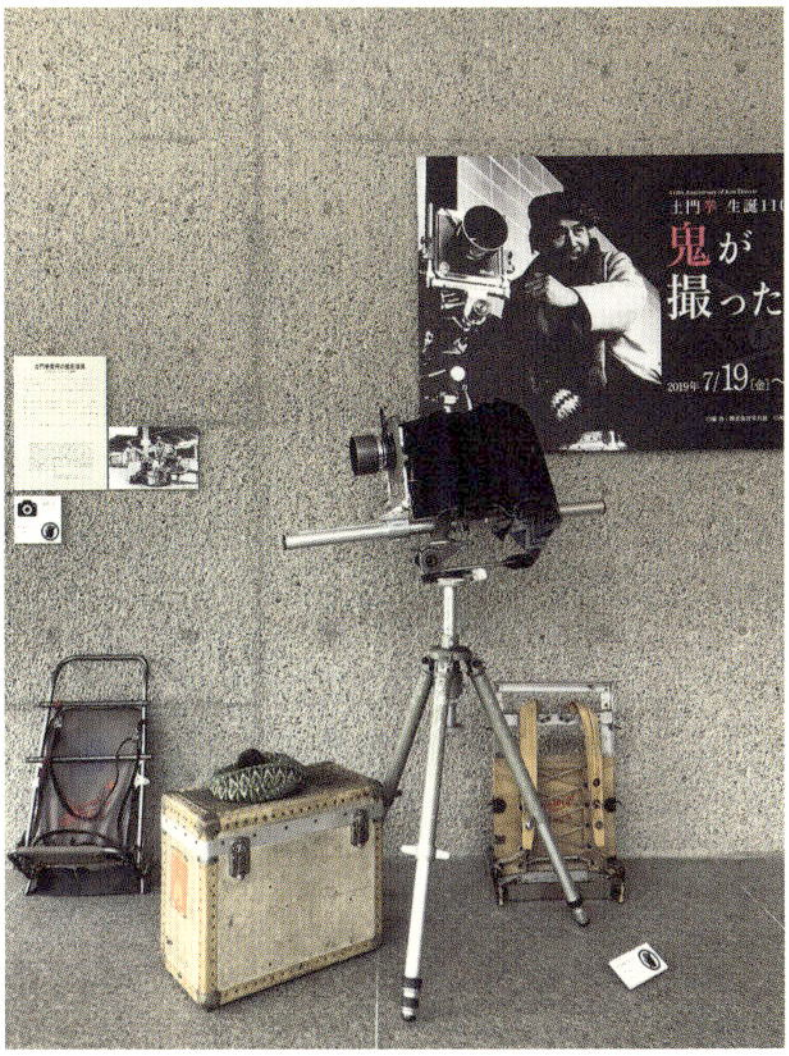

土門拳が「古寺巡礼」の撮影の際に使用した大型カメラと、それを運ぶための背負子。スイスの「ジナー」というメーカーのものだった。

企画展示室の向こうにあるのは、勅使河原宏による「流れ」という庭。宏の父の蒼風と土門拳は「義兄弟」と呼び合うほど仲が良かった。

記念室から「拳湖」を眺める。そういえば谷口吉生の設計した美術館は、このように水を眺める場所が用意されているものが多いと感じる。

激しさ、執念、「絶対非演出の絶対スナップ」など、土門拳に対するぼくの先入観を、谷口吉生の建物が持っている静けさや穏やかさが薄めてくれたのか、酒田に来て『土門拳記念館』ではじめて彼の写真を真正面から観ることができ、そして先に挙げたような先入観を捨てたほうがいいと思うことができたのが、強く記憶に残っている。

だから「鬼が撮った日本」という厳《いが》ついタイトルがついた今回の企画展も、気後れすることなく楽しみにできた。子供みたいだけれど、「鬼」という言葉は強いし怖い。でも「いい写真というものは、写したのではなくて、写ったのである。計算を踏みはずした時にだけ、そういう写真が出来る。ぼくはそれを、鬼が手伝った写真と言っている」という土門の発言から、鬼の部分だけ取り出して怖がることはないだろう。そういう心の余裕が生まれるような空間の演出がなされた記念館では、あらかじめ頭の中に入れてしまった、目を曇らせてしまう半端な知識がきれいに洗い流される心持ちがする。

勅使河原蒼風のオブジェ。窓の向こうにはイサム・ノグチの彫刻がある。美術館入口の銘板はグラフィックデザイナー・亀倉雄策の作品。

ぼくがいちばん好きな作品は「古寺巡礼」という仏像写真のシリーズだ。仏像を実際に前にするのでは味わえない、特別な体験になる。

高峰秀子が『にんげん蚤の市』の「デコちゃんレター」に書いた土門拳との撮影エピソードなどを読むと、銀座1丁目から8丁目まで3往復も歩かされ、終わった時には疲れて椅子を投げつけてやりたかったというくらいに、納得がいくまで対象に食らいつく写真家が撮り、そして選んだ写真は、ただ観ているだけでも高峰秀子や梅原龍三郎のように、その気迫に気圧されて疲れてくる。そういう時に、何か目を休めるもの、心を和らげてくれるものが、この美術館には用意されている。館内の土門拳記念室に置かれた椅子に座って窓の向こうの池を眺めたり、企画展示室の窓から勅使河原宏が作庭した「流れ」という庭を眺めて、気持ちをフラットにしてから、またあらためて土門拳と対峙するのだ。

短時間で一気にすべてを自分のものにしようとしなければ、鬼が撮った写真はたくさんのことを教えてくれる。

モノクロこけし。

友人が、鶴岡に住む工人にこけしをオーダーしに行くというので、ついていくことにした。こけしをオーダーするなんて想像したこともない。彼が見せてくれた写真には、彩色に黒しか使っていないこけしが写っていた。形は伝統的なのにとてもモダンな感じがする。

工人の名前は五十嵐嘉行さん。１９２７年生まれだから90歳を過ぎているはずなのにとても若々しく、元気に自宅の居間へ迎え入れてくれた。木地師の修業から始め、やがて創作こけしを発表するようになり、さらに伝統こけしの工人になるべく津軽伝統こけしを学んで、師匠から弟子と認められたのが60歳の時だったそうだ。居間には五十嵐さんがつくったこけしが飾られている。友人の写真で見たモノクロームのものもある。友人は五十嵐さんから見本帳のようなカラーコピーを受け取り、早々に相談を始めたが、ぼくは飾られたこけしに目が釘付けになったままだ。それに気づいた五十嵐さんが、「気に入ったのがあったら売りますよ」と声をかけてくれる。非売品だと思っていたので驚いた。もちろんモノクロのものを手に取った。

東京に戻って一週間ほどしたら、友人から「オーダーしたこけしが届いた」と、写真が送られてきた。グリーンの細い轆轤線《ろくろせん》だけのこけしは素晴らしかった。自分もオーダーすれば良かった。そういえば、前にこけしをオーダーする知り合いと一緒に工人の家を訪ね、そのまま帰ったことを後悔して、今回の訪問に至ったのだと、友人が最初に教訓めいたことを言っていたじゃないか。

庄内へ

普段は受注生産のみ行っている。
たまたまいくつかできたばかりだったのだそうだ。
なんという幸運。
五十嵐嘉行さんは2023年、お亡くなりになりました。

いなほに乗って。

酒田と鶴岡はＪＲの各駅停車で35分ほど。特急「いなほ」なら20分の距離だ。旅先の旅先としては申し分ない。前に民藝関係の本か何かで知った「庄内ばんどり」（荷物を背負う時に背中に着ける背当て）のコレクションを『致道《ちどう》博物館』に観にいきたかったし、黒い聖母マリア像がある『カトリック鶴岡教会天主堂』にも行きたかった。そして建物のユニークさで評判の『鶴岡市文化会館（荘銀《しょうぎん》タクト鶴岡）』も実際に見てみたい。日帰りでは時間が足りないかもしれないほど行きたい場所がある。歩けるかぎり歩いて、商店街で郷土の資料が充実した古書店を見つけたり、駄菓子屋に立ち寄ったりした。帰りはちょうどいい「いなほ」がなかったので鈍行にしたが、それもまた良し。

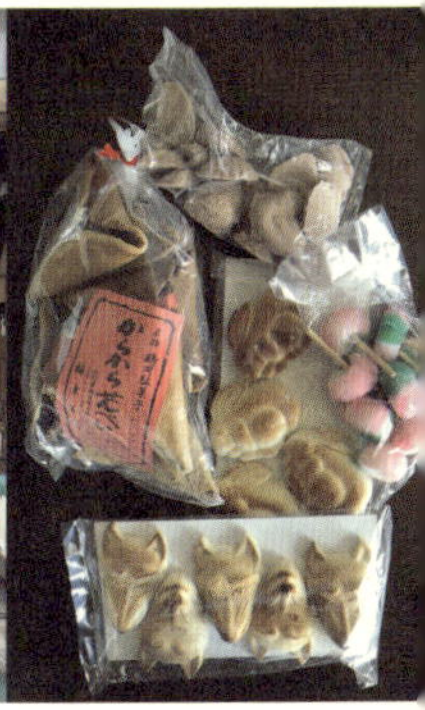

庄内と内陸。

県境や町境というのは行政上の線引きであって、文化や慣習や気風の境目ではないのだということは、旅をよくするようになって実感したことのひとつである。

山形市に住む友人と一緒に庄内を移動していると、友人自身や、友人に話しかける人たちが「内陸」という言葉をよく使うことに気づいた。内陸というのは山形県山形市を中心にした地域を、日本海に面した庄内平野エリアと対比するために使っている呼称のようだ。

いつもは見かけない客が来ると「どこからいらしたの?」と店の人に質問されることは多い。ぼくは東京からと答えるが、友人は「内陸から」と言う。同じ県であるということは、それだけで通じているらしい。ある酒亭でそのようなやりとりがあった後に、品書きに芋煮を発見してすぐにそれをオーダーした。

すると「こっちの芋煮は内陸とは違うよ」と念を押された。簡単に言えば、庄内は豚汁に里芋が入っていて、内陸はすき焼きに里芋が入っているのだと、ご主人が説明してくれる。友人もそうだそうだという感じで首を振っている。

そういえば、ぼくは山形市内で芋煮を食べたことがなかった。もともと牛肉をそれほど好んで食べるほうではないので「豚肉に味噌味は嬉しいです」と答えたら、ご主人はちょっと嬉しそうに笑った(ような気がした)。この夜以来、友人には言いにくいのだが、ぼくは芋煮を食べるのなら「庄内ふう」に限ると決めている。

厚揚げ、こんにゃく、にんじん、きのこ、豚肉などと
ともに煮込まれた里芋で、体が温まる。
内陸では明治時代から牛肉を食べる文化が根付いてい
たのだそうだが、それに対して庄内は養豚が盛ん。

「く?」と「け」。

道路に面した建物の佇まいにすでにいいムードが漂い、ふらふらと中に入ってしまう魅力を持った喫茶店。奥の部屋は器のギャラリー。
『ミルク』
鶴岡市切添町20-24

酒田に着いて真っ直ぐこの店に向かう。6〜7品を盛り合わせた「季節のおまかせ料理」に「身欠きにしんとじゃがいも煮」を追加して大満足。
『日ごと』
酒田市本町3-1-5

酒屋に併設する酒場。コの字のカウンターの天板がガラス板で、中にその日のオススメ料理が入っているので、目移りして困る。
『久村の酒場』
酒田市寿町1-41

店内の壁に貼られた全国のレトルトカレーの箱に気持ちが浮き立って、メニューの豊富さに気持ちが高まり過ぎて、なかなかどれにするか決められなかった。結局、オーソドックスなチキンカツカレーにしたが満足。
『アルバ』
酒田市ゆたか1-1-5

四季の郷土料理を静かに楽しむ店。口細カレイの塩焼きを食べながら目を上げると、正面に山口瞳の色紙があり、ぼくは思わず嬉しくなった。
『いな舟』
鶴岡市本町2-18-3

黒バイ貝のコロッケや金華豚のアクアパッツァなど、驚きのあるフランス料理が新鮮。そして美味しい。
『ニコ』
酒田市亀ケ崎3-7-2

薪窯で焼く、東北で最初の「真のナポリピッツァ協会」認定店。畑の向こうにある店までのアプローチも楽しい。自分たちで育てた野菜も使う店。
『緑のイスキア』
鶴岡市羽黒町押口川端37-7

席に着いて最初に出てきたお通しが、はじめて耳／口にする「からとり芋」の茎。そして庄内の地酒がたくさん。秋田名物ハタハタまで食べられるとは思わなかった。
『貮番丁』
酒田市二番町3-22

久留米へ

『鳥喜』という店の名物はアカシタビラメの姿煮。有明海に生息する魚。このあたりではその姿形から「クツゾコ（靴底）」と呼ばれる。

クツゾコと久留米。

自分がいつも履く靴をあらためて眺めてみると、ほとんどがスニーカーで、すべて国産品だ。スニーカーが大好きになったのは学生だった１９７０年代なのだが、その頃の雰囲気を持ち合わせたそれらが気に入っているから、いま再びスニーカーだらけになっているわけだけれど、いずれもアサヒシューズかムーンスターというメーカーが製造したもので、二つのメーカーとも久留米に本社と工場がある。だから久留米は、ぼくにとっては「スニーカーの町」なのである。

スニーカーの町に行くなら、どうしても手に入れたいものがあった。数年前に発売された「ベルテッド」というシリーズの、いちばん欲しいと思っていたモデルが生産終了となり、いま在庫がある分のみと友人が教えてくれたのだ。１９７０年代の技術では、革のアッパー（スニーカーの上部）とゴムのソール（底）を直接接着すると耐久性の問題があって、コットン製のベルトを革とゴムの間に巻くという方法でつくられている。そういう古いもののデザイン性をいまだに愛するファンは多く、あえてその技術とデザインを採用して製造されたベルテッド・シリーズのハイカットのバスケットシューズモデル。興味のない人にはさして重要なこととは思えないだろう。でも、ぼくにはそこが履きたくなるいちばんのポイントだった。ちなみに、少し前のこの手法をあえて復活させようとメーカーに提案したのもその友人だった。だから久留米に到着して真っ先に向かったのは彼の営む店で、幸運にもぴったりのサイズが見つかったのですぐに買った。

手に入れたとたんに余裕が出たのか、急に、自分の気に入っているスニーカーがどのようにつくられているのかとか、どんな歴史があるのかなどが知りたくなってきた。靴の歴史を知ることが、久留米の近代史を紐解くことにつながるのではないかとさえ思えた。友人にそう話すと「工場見学をさせてもら

久留米へ

九州新幹線の窓から眺めるだけだった工場を見学させてもらえることになった。
『アサヒシューズ』（久留米市洗町1）

久留米で最初にしたことは、ずっと欲しかった白いレザーのバスケットシューズを買うこと。
『ペルシカ』（久留米市小頭町10-9）にて。

靴底の材料となるゴムを調合するセクション。天然ゴムに硫黄を混ぜる。そして加熱すると温度変化に耐えられるしなやかなゴムになる。

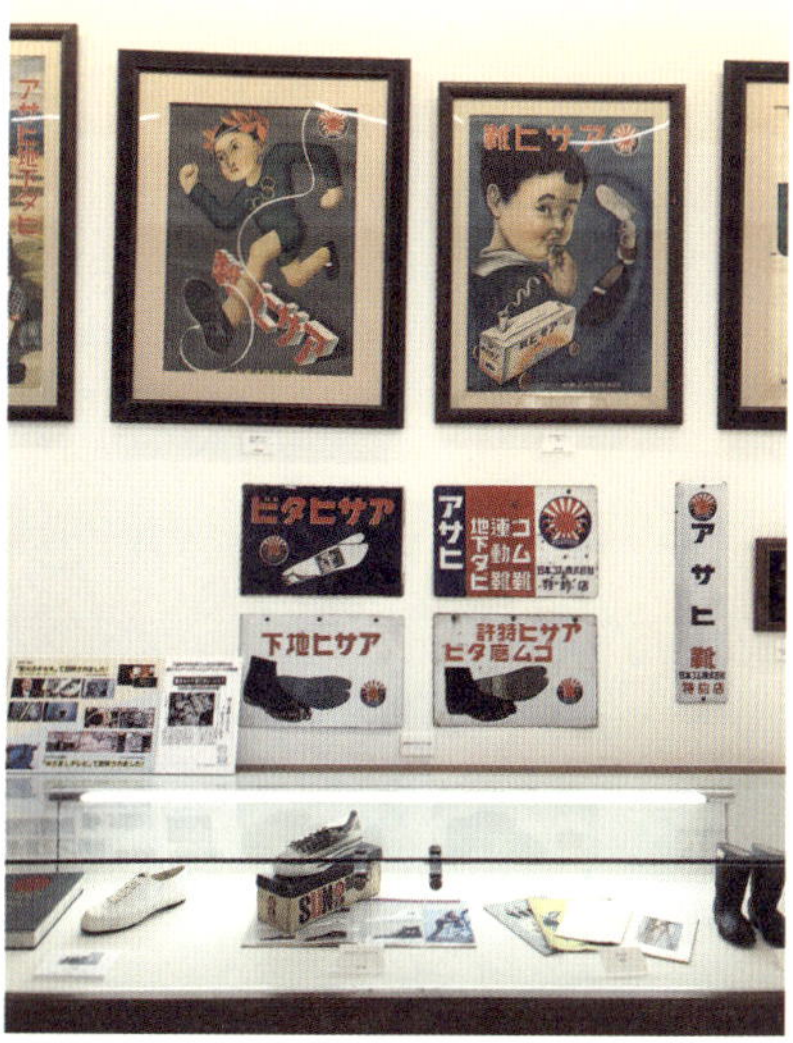

歴史資料を展示した部屋。前身は1892年創業の仕立物業『志まや』。1922年から製造を始めた貼付式地下足袋から、運動靴生産へと発展。

そしてその機械がずらりと並ぶ様子は、パン屋さんのオーブンを思わせた。いずれにしてもすぐに食べ物につなげるのがぼくの悪い癖。

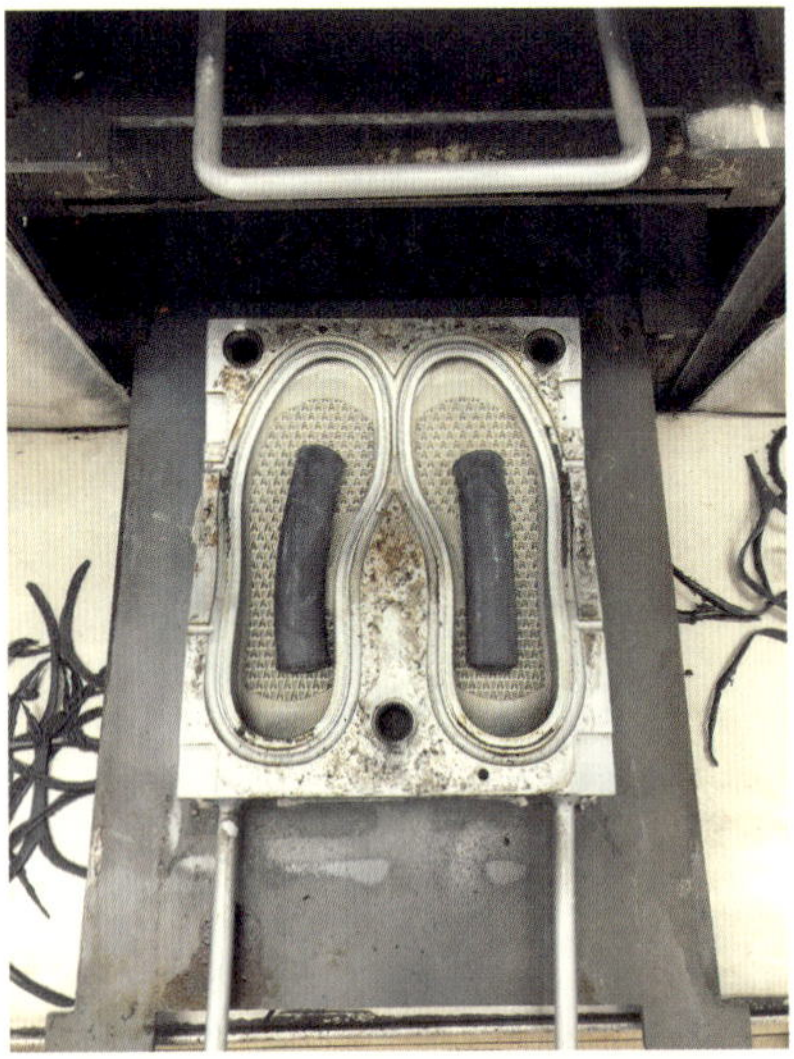

靴底の型の上に黒いゴムを置き、加熱して圧力を加えるための機械に入れる。この型を見て、ぼくは何だか、たい焼きを思い浮かべた。

いましょう」と言ってくれた。それが何を製造する場所であっても、工場見学はとても楽しいことだ。友人と連れ立って早速アサヒシューズの工場へ行った。

天然ゴムをどのように加工してしなやかな弾力を得るか、革や布のアッパーとゴムのソールをどう貼り合わせるのかなど、作業を実際に見せてもらいながら説明を聞くのも楽しいが、何よりも使われている道具や機械を見ているだけでわくわくしてしまうし、熟練した工員たちの手先の動きに惹きつけられてしまう。創業時は仕立物屋で、そこから足袋製造に転換し、機械化を図り、足袋にゴム底を縫い付けるのではなく貼り合わせるという手法で地下足袋の生産を始める。さらには自動車のタイヤも製造するようになり、タイヤ部門はやがてブリッヂストンタイヤとして独立するといった歴史を知るのも楽しかった。だからＪＲ久留米駅前の広場にタイヤのモニュメントがあるのか。久留米は「ゴム産業の町」だったのだ。

その日の夜は友人と『鳥喜』という店で夕ご飯を

ときどき濃紺の制帽の人がいて、「マイスター」と呼ばれる熟練の技術を持った職人だと教えてもらった。やはり人の手のすごさを感じる。

これはバルカナイズという製法で使用する加硫缶という機械。蒸気によって加熱と加圧をして靴底を圧着する、巨大な圧力釜のようなもの。

食べた。前にも一緒に行ったことがある。筑後川河口から有明海に生息する珍しい魚介類を食べさせてくれる。ワラスボ、メカジャ、タイラギなど、名前をはじめて聞くものばかりだし、もちろん食べたことなどなかった。かろうじてムツゴロウは、干潟でそれを釣るニュース映像か何かで見たことはあったけれど、食べられるとは知らなかった。有明の幸の料理でいちばん好きなのはクッゾコの姿煮だ。クッゾコはウシノシタ科の魚で「舌平目」と総称されるが、ヒラメではなくカレイの仲間だそうだ。形が靴の底みたいだからクツゾコ、地元ではクッゾコと呼ばれている。英語でも舌平目はたしか「Ｓｏｌｅ」で、靴の底という意味でもある。国が違ってもこの魚の姿に感じることは一緒のようだ。スニーカーの底をどのように貼り合わせるかを見学させてもらった日に「クッゾコ」の姿煮を食べた。久留米はぼくにとって「クッゾコの町」と呼んだほうがいいかもしれない。

大牟田の世界遺産。

友人とそれぞれの「原風景」や「郷愁」について話していた時に、子供の頃にズリ山までコオロギを捕まえにいって、自然発火して山の斜面のあちこちから出ているガスを吸い込んだために気分が悪くなったという記憶を披露したら、聞いていた彼が「ぼくもボタ山に行って同じ経験をしました」と言った。福岡市出身だと思っていたその友人は大牟田生まれだったのだ。ぼくは北海道の炭鉱町で生まれ育ったのだが、大牟田もまた炭鉱町だということを同時に知った。彼の言うボタ山とぼくの言うズリ山は、九州と北海道で呼び名が違うだけで、石炭を採掘した時に出る捨て石を積んでおく場所のことである。

久留米から大牟田までは西鉄の特急を使えば30分ほど。意外に近くだった。三池《みいけ》炭鉱の関連施設のいくつかが世界遺産に登録されている。この機会に、自分の記憶に残る懐かしさと暗さがないまぜになった元炭鉱町の姿を、「近代化産業遺産」として冷静な気持ちで見ておこうと思い、新栄町《しんさかえまち》という駅で下車した。

ラーメン屋で腹ごしらえをしてから、まずは『大牟田市石炭産業科学館』に行く。ここは三池炭鉱と三池港のガイダンスの役割を担った施設で、ここで炭鉱開発の歴史などを学び、有明海の下にあった採炭現場を擬似体験したりできる。海底の炭田と山中の炭田という大きな違いがあるにしても、小学校の社会科の副読本に書いてあった町の歴史や、課外授業の模擬坑見学などを思い出してしまう。遠浅で干満の潮位差が大きい有明海は、掘った石炭をそのまま大型船に積んで運び出すには不向きだから、大型船が停泊できる大規模な三池港を築港する必要に迫られ、それを実現していく際の数々のエピソードにも感動してしまう。一刻も早く炭鉱町を飛び出したかったぼくは、別の町で暮らすようになってから、炭鉱について振り返ろうとしなくなった。だから、「冷静な気持ち」というのは、炭鉱町に対して拒否反応

今回、見学した施設は
『大牟田市石炭産業科学館』（大牟田市岬町6-23）、
『三井港倶楽部』（大牟田市西港町2-6）、
『三川坑跡』（三井港倶楽部に隣接）、
『万田坑跡』（荒尾市原万田200-2）。

炭鉱の在り方も地形も建物の細部も違うのだけれど、子供の頃に見ていた景色、聞こえていた音、嗅いでいた匂いと同じだと強烈に感じた。「近代化産業遺産」という言葉の意味を噛みしめる。

を示してしまわないように心がけたという意味なのだけれど、そんな心配も必要なかったというくらい、科学館の展示を興味深く観ている自分がちょっと不思議だった。

社交場や迎賓館として利用されていた三井港《みついみなと》倶楽部を回り、次は三川坑跡を見学する。地下にある坑道の入り口が坑口で、垂直に下りていく竪《たて》坑と斜めに下りていく斜坑がある。三川坑は斜坑で、人車《じんしゃ》というトロッコのようなもので坑道へ下りていく。この三川坑は１９６３年に戦後最悪の炭鉱事故が起きた場所でもある（死者４５８名、一酸化炭素中毒者８３９名）。ぼくの生まれた町でも大きな事故が何度か起きた。炭鉱事故や労働争議。それらの悲しく重い記憶をもきちんと説明してくれる、ボランティアのガイドさんの真摯な姿勢にまたもや感動する。

その後に万田坑跡へ。こちらは竪坑なので、坑内員や資材などを運ぶためのケージを吊るすシンボリックな鉄塔（櫓《やぐら》）がある。三池港から車で15分だったので、大牟田市内にある施設だと思っていたのだが、この竪坑がある場所は福岡県大牟田市に隣接する熊本県荒尾市だった。知らぬ間に県境を越えていたことになる。施設跡を見学しているうちに冬の陽は傾き始め、建物のレンガ壁がより濃いオレンジ色になった。美しかった。これがぼくの「原風景」とか「郷愁」などと呼ぶべきものだと素直に感じられる。それから有明海に沈む夕日が見られる荒尾干潟に行き、しばらくぼうっと眺めた。

見学が終わったら久留米にすぐ戻ろうと考えていたのだが、大牟田に住んでいる別の友人夫妻と一緒に夕食を食べていくことにした。久留米に戻る電車に遅れそうになるほどたくさん話し、たくさん飲み、たくさん食べた。

新栄町の駅に戻る道すがら、煌々と電気が輝く建物があり、その中に祭りの山車が展示されているのに気づいた。「大蛇山《だいじゃやま》」と呼ばれ、祇園祭で使われるものだそうだ。きっと次の夏が近づいたら、この祭りを見てみたくなるだろう。

浅煎りのコーヒー。

仕事場の近くにあるコーヒースタンドで、このところ気に入って飲んでいるブレンドコーヒーが『コーヒーカウンティ』という店で焙煎されたものだと知ったのは、わりと最近のことだ。『コーヒーカウンティ』は久留米にある。何年も前に、友人が連れていってくれた。その時はたしかコーヒー豆の焙煎だけをする店だったし、開店時間の前だったので試飲をさせてもらわなかったのだが、だから余計に、久留米に行ったら『コーヒーカウンティ』に行って、そこで自分が毎朝のように飲んでいるブレンドコーヒーを飲むと決めていて、それを楽しみにしていた。いまは移転して、飲んでいくこともできる店になっているのだ。

想像していた以上に広い店内。カウンターの向こうには大きな焙煎機が2台見えていた。そして、とても賑わっている。ちょうど代表の森崇顕《たかあき》さんもいて、自らコーヒーを淹れてくれたのは幸運だった。ぼくは浅煎りで酸味の強いコーヒーがあまり得意ではないのだが、手渡されたコーヒーは、そういうタイプのものだった。にもかかわらず、酸味の中にこんなにいろんな味わいが含まれているのかと、驚くほどの豊かさが感じとれた。そして一杯ではおさまらなくなったので、お目当てのブレンドも頼むことにした。ところがメニューにも、カウンターの上に並べられたコーヒー豆の中にも、ブレンドは見当たらなかった。自分の店ではブレンドの焙煎はしないが、他の店から頼まれたらするのだそうだ。ブレンド好きのぼくは、その理由を教えてもらうために、また久留米に来るつもりだ。

久留米へ

代表の森崇顕さん。できるかぎり産地に赴き、直接買い付けた豆を、その土地特有の風味を引き出すために単一産地で焙煎して提供するのが彼の方針だそうだ。
『**コーヒーカウンティ**』（久留米市通町102-8）

がばうまか。

久留米の友人たちがソウルフードと呼ぶうどん店。とても柔らかい。そしていなり寿司が美味しい。
『久留米荘 津福店』
久留米市津福本町1377

久留米ラーメンといえば濃厚な豚骨スープが頭に浮かぶが、ここは醤油味。化学調味料を一切使用していない。しかも厳選された自然派ワインが飲める。
『醤油ラーメンしのわ』
久留米市東櫛原町1185-2

有明海と筑後川の珍しい魚などを食べられる店。ムツゴロウ、ワラスボ、メカジャなどはじめての食べ物に驚いたり舌鼓を打ったり、楽しい時間が過ごせる。（写真は穴ジャコの天ぷら）
『鳥喜』
久留米市東町33-26

スパイス料理研究家が開いた店。添えられたレシピどおりにつくると美味しい本格的カレーができるカレーキットを愛用。イートインも可能だ。
『TAKECO 1982』
久留米市通町102-10
武田ビル1F

中央市場にある食堂。店内にショウケースがあり、おかず類はそこに並んでいる。ごはんと味噌汁を頼み、ケースから自分で好きなものを選んで取る方式。
『牟田食堂』
久留米市諏訪野町2631
中央市場2F

オーストラリア・スタイルのカフェ。自家製パンのハムチーズトーストとコーヒーで朝ごはん。
『ニュートラルベイ・カフェ』
久留米市六ツ門町6-18-101

はかた地どりの炭火焼を食べながら自然派ワインが飲める店。ソリレスという他ではあまり見かけない希少部位があったのが嬉しい。あと、ささみの一夜干しがとても好みだった。
『日吉町 酉雅』
久留米市日吉町2-3

『コーヒーカウンティ』と同じ建物にあるデリカテッセン。ケーキ類もあるので嬉しい。2階でランチを食べることができる。
『マツノブデリ』
久留米市通町102-8

沖縄へ

首里金城町。沖縄本島にこれまで3回行ったが、前回までは興味がなかった事柄にできるだけ接しようと、坂道を歩きながら決めた。

記念切手や二千円札でしか知らない守礼門に行けた。太平洋戦争で焼失したが、1958年に復元、沖縄県指定有形文化財になっている。

首里散歩。

首里城は、これまで行ったことがなかったので、次に沖縄に来る機会があったら訪れてみたい場所の筆頭だった。それが、昨年10月の火災で叶わないことになったと話したら、「じゃあ、明日の朝は首里を散歩しましょう」と友人が言った。その友人は仕事の関係もあって、年に2、3回は沖縄に来ている。今回は、できるだけ自分のまだ知らない沖縄を見てみたいと考えていた。それで図々しく同行をお願いしたら、快諾してくれたのだ。

友人が首里出身の陶工に相談したところ、「首里のいちばんの楽しみは〝すーじーぐゎー〟ですよ」と、彼女が答えたのだそうだ。「いまはグスク（城）がないけれど、すーじーぐゎー（細い路地）を歩いてみたら？」と勧めてくれただけでなく、案内もしてくれるという。待ち合わせは7時半、守礼門の前だった。

旅はいつも、知らなくても普段は困らないようなことに目を向けるきっかけになるものだ。1954年に那覇市と合併するまでは首里市だったとか、太平洋戦争時のアメリカとの激しい戦闘で首里城は焼失し、その後は城趾《じょうし》に琉球大学が置かれていたとか、復元された建物を中心とした首里城公園がオープンしたのは90年代とか、そういう基本的なことはホテルで調べておいた。上り下りの多い石畳の道などを歩く間、なるほどと頷きっぱなしだった。ぼくにとって首里は首里城のことだけだったけれど、友人たちとの早朝散歩は一種のフィールドワークのようで、頭の中の地図は広がり、目に見えるものの下にある過去の姿にまで、想像力が少しは働くようになった。おまけに小さな見晴らし台で、サラダと果物とパンとコーヒーの朝食までいただいたから、ぼくはいっぺんで首里が好きになった。

戦後すぐに復興した建物と、それより新しい戸建て住宅や集合住宅が混在するけれど、そのつながりに不自然なところはなく、ひとつのトーンで統一されているように感じるのは何故だろう。石畳の道や石塀のせいかもしれない。いずれにしても坂道の町（例えば長崎とか尾道とか神戸の塩屋地区など）が好きなぼくにとっては、歩きがいがあった。

160年ほど続く『玉那覇味噌醤油』の建物も素晴らしかった。首里は湧き水が豊富で、味噌や泡盛の製造に向いている土地だったという。泡盛の蔵元もいくつかあるらしく、そこにも寄りたかったが、歩いた道沿いにはなかった。住宅街らしきエリアに、『首里劇場』という木造の映画館もある。開館時間の前だったのが残念。中に入ってみたかった。

焼け落ちた正殿のあった場所が遠くに望める場所で、朝ごはんをいただきながら、ぼくの失敗談を披露する。沖縄でよく見かける「石敢當」と彫られた石標などを、表札と勘違いして、「沖縄には石敢當さんという名字が多いんですね」と真顔で言ったことがあるのだ。相手は笑いながら、これはT字路や三差路に貼られる魔除けだと教えてくれた。

建物南側は直線的。ここに、沖縄各地で各々別の職人が作ったシーサーが56体乗せられていたが、落下する事故があったため撤去された。

風土と建築。

自然が創る絶景よりも、人が生活のために作り出したものが加わった風景が好きだ。でも人が作り出すものがどんどん均質化してきて、どこも似かよった風景になっていると感じることも増えてきた。

沖縄の建物には特徴的な何かがあるとずうっと思っているのだが、それが何なのか、自分にははっきりとわからない。先日、『沖縄島建築』（監修・写真・岡本尚文／建築監修・普久原朝充《ふくはらときみつ》）という本を読んでハタと膝を打った。だから沖縄で見たいものは何かと友人から尋ねられた時に、「まず、建築」と答えた。

彼が連れていってくれた建物は、民家、商店、公共建築などいろいろあったが、もっとも度肝を抜かれたのは名護市役所の庁舎だった。どんなモダン建築にも似ていない。とはいえ、沖縄の伝統的な様式をそのまま用いているようにも見えない。しいて言えば、何処とは特定できないけれど、古代遺跡とかそれを模したリゾートホテルのようだ。

１９７０年に１町４村が合併して名護市が誕生し、市庁舎の建設にあたり設計コンペが実施されたのは１９７８年だったそうだ。その時に名護市が掲げた趣意書が素晴らしい。「今回の競技において、沖縄の風土を確実に捉え返し地域の自治を建築のなかに表現し、外にむかって『沖縄』を表明しうる建築をなしうる建築家とその案を求めるものである」（名護市庁舎企画設計競技応募要項）という呼びかけに応えて、全国から３０８案の応募があり、象設計集団とアトリエ・モビルの案が選ばれた。庇《ひさし》やテラスの屋根で日陰を作ったり、自然通風システムによってエアコンなしでも涼しくする工夫（現在はエアコンが設置されているそうだ）など、風土から導かれた伝統に則りながら、まったくユニークな建物である。また行きたい。

生活の柄。

フォークシンガー高田渡の「生活の柄」という歌を知ったのは、高校3年か大学1年の頃で、よく仲間で集まって騒ぐ時に、誰かがギターを弾き、みなでこの曲を歌った。住む家も持たず草に埋もれて寝てしまう主人公は、貧乏の何たるかも知らないぼくらには、自由の象徴のように思えて大声で歌ったのだ。歌詞が高田渡のオリジナルではなく、山之口貘《ばく》という沖縄出身の詩人の作品だと知り、すぐに詩集を探した。沖縄と聞くと、ぼくは山之口貘を思い出す。

友人が与儀《よぎ》公園に連れていってくれた。大勢の人がベンチで囲碁や将棋を楽しんでいる。台北で見た光景に似ていた。公園を横切り、広い通りに出て振り返ると、面白い建物があった。友人の建築案内の続きだ。庇のある大屋根が特徴的な那覇市民会館は、残念ながら解体を待つ状態だった。中に入れないように、入口の門は囲われている。１９７２年に沖縄が本土復帰した時に、記念式典の会場になった場所だそうだ。ぼくが「生活の柄」を歌っていた頃より少し前の話だ。

与儀公園に戻る。「もうひとつ見せたいものがあります」と友人が言う。近づくと山之口貘の詩碑で、彼の十三回忌にあたる１９７５年に建てられたものだった。ちゃんと考えればわかることだが、ぼくは山之口貘が沖縄の本土復帰前に亡くなっていたことにようやく気付く。刻まれている詩は「座蒲団」。「会話」と「生活の柄」と「鮪に鰯」、そしてこの「座蒲団」が好きな作品だから嬉しかった。

東京に戻る前夜、安里《あさと》にある店で泡盛を飲むことにした。友人が「このあたりのはず」と言いながら、狭い路地の奥を探し始めた。その店は目的の店ではなく、『生活の柄』という看板がかかっていたが、折悪しく休業日だった。

山之口貘（1903-1963）は那覇市生まれ。貧しい東京暮らしの中で、社会批評的な眼とユーモアに裏打ちされた詩を残す。

陶工・古村其飯さんが創作したデザート「さーたーりんがく」は、田芋の甘煮に小豆煮を添えたもの。いっぺんで好物になった。

ふみやで食べたジューシーとは違い雑炊タイプ。でもまるでリゾット。
『レストラン アルドール』

中味汁は臓物料理とは思えないほどさっぱりとした吸物だった。ソーキ汁も気になった。
『琉球料理 ふみや本店』

短い滞在なのに大量にパンを買ってしまい心配したが、沖縄にいる間にすべて食べてしまった。
『宗像堂』 宜野湾市嘉数1-20-2

『料理 胃袋』（南城市玉城屋嘉部123-1）には、これからも何度も通うことになるだろう。ぼくにとっての新しい食世界への入口。

大好物であるピザを食べに**『バカール』**（那覇市久茂地3-16-15）へ。ピザのメニューがマルゲリータとマリナーラしかない潔さに惚れた。

古い友人夫妻が沖縄に移住して始めた店。定休日なのにコーヒーを淹れてくれた。**『波羅蜜**（パラミツ）**』**今帰仁村字仲宗根278-3

朝5時開店。近隣の人々の生活に欠かせない店。もずくの天ぷらを買い食いする。**『上間てんぷら店 ゴヤ市場』** 沖縄市中央1-10-7

好物のおでんを食べに**『おでん小町』**（沖縄市上地1-13-22）へ。菜っ葉をポキポキと手で折って出汁に浸した「野菜」というメニューが素晴らしい。

新しい食体験。

その土地その土地の名物と呼ばれる料理と、自分の好物が並んでいたら、ぼくはいつも好物を選んでしまうので、せっかく友人も同行してくれているのだし、希望を二つ三つ伝えはしたが、どこで何を食べるかを基本的に彼に任せることにした。そうすれば、自分だけなら味わえない食体験ができると思った。最初に友人が連れていってくれたのはフーチバージューシー（ヨモギの炊き込みご飯）の店だった。ぼくは中味セットという定食を頼んだ。ジューシー、中味（豚のホルモンを煮込んだ吸物）、スヌイ（もずくの酢の物）、ミミガー（軟骨を使った和え物）、じーまーみー豆腐（落花生の豆腐）、すーねー（白和え）、でぃんがく（田芋＝ターームの甘煮）、漬物、デザートのセットだった。最初に典型的な沖縄の家庭料理を食べたのは、「それとの差異」というメジャーが持てたのでとても良かった。

その日の夜、シェフが3人いる（スペイン・バスク料理のシェフと2人のイタリア料理のシェフ）レストランに行った。コース料理で出たジューシーはティラジャー（マガキ貝）が使われているそうで、リゾットのようだし味付けももちろん違っていて、新しい解釈の沖縄料理だと思った。翌日は、陶工のアトリエで手料理をご馳走になった。デザートのさーたーりんがくは田芋の甘煮に久高島産の小豆煮が添えられ、心の底からおかわりしたかった。

名前だけはたびたび耳にしていた『胃袋』というレストランにも行けた。ここもコース料理の店だ。すべての料理が、ぼくのこれまでの頑固な考え方を変えなければならないなと思わされるほど、驚きに満ちていた。素材が新鮮であれば、できるだけシンプルに食べるのがいちばん美味しいと思っていた。絵に例えれば墨絵など、単色の濃淡と何も描かれていない余白部分のみで出来上がった作品。でも『胃袋』の料理は、たくさんの色を組み合わせて、重なる部分ではさらに見たことのない別の綺麗な色になる、しかも全体としては淡い水彩画とでも表現すれば良いのだろうか。驚きの最大値は3皿目の魚料理だった。シチューマチ（アオダイ）と金柑とサクナ（長命草）に、カラマンシーという柑橘を搾った和え物。その上にふるふると揺れるゆるいジュレがのっている。これは何かと訊いたら、湧き水を煮沸して、この日の料理で余ったハーブの切れ端で風味をつけた寒天だそうだ。ほんのりという言葉さえ「濃く」思えてしまうような寒天で、最初はほとんど味が感じられない。要するにほぼ水そのものなのだけれど、これが和え物と口の中で合わさると、その寒天によって料理全体が別の次元のものとなる。大げさな言い方に聞こえたら、それはぼくのボキャブラリーが不足しているためだろう。どうしてこのような組み合わせを考えつくのか、まったく想像できない。そういうタイプの料理を、これまでわりと敬遠してきたから、平手で頬を打たれたようになった。料理も音楽のように、主旋律だけが重要なのではなく、和音によって、同じ主旋律からどのような気分をも作り出すことができるのかもしれない。すごい体験だったと思う。

翌日は自身で制作した石窯を使い、天然酵母パンを焼く『宗像堂《むなかたどう》』に行く。ここも名前だけは以前から知っていた。そこに、前夜、『胃袋』でぼくに平手打ちをした（ビンタされたような気持ちにさせた）女主人が現れた。『宗像堂』主人と古い知り合いだそうだ。彼女から、石窯のある部屋の天井にこびりついた煤をもらって料理に使ったことがあるという話を聞いて、反対側の頬も平手打ちされてしまう。

その夜に行ったおでん屋では、和がらしの代わりにマスタードが出てくるし、翌朝に寄った天ぷら屋には「砂糖の天ぷら」があった（サーターアンダギーのことだった）。そして逗子から沖縄に移住した友人夫妻の店を訪ねる頃には、ちょっとのことではもう驚かなくなっていた。コーヒー豆は土鍋で焙煎したそうだ。

番外編

もってこ〜い もってこい

長崎くんちで最も人気のある演し物、コッコデショを観た。法被を脱ぎ、投げ上げる男たちに「ヨイヤー」の大歓声と嵐のような拍手。

七年前の誓い。

長崎くんちを見たいと思ったのは、２０１１年11月のこと。長崎の行くところ行くところ、たくさんのお店の壁に「呈上札《ていじょうふだ》」とか「花御禮札《はなおんれいふだ》」という短冊が貼られていた。どうにも気になってしまい、ある居酒屋で「あれはどういう意味があるのですか？」と尋ねたら、堰を切ったようにご主人が長崎くんちの話を始めた。周囲のお客さんも加わる。「コッコデショ」という演し物《だ》でたいへん盛り上がったと、みな口々に絶賛する。どうやら余韻がまだ街全体を覆っているらしい。そんなに素晴らしいのならば、来年は必ず来ますと宣言した。するとご主人が「次にコッコデショが観られるのは7年後だよ」と微笑む。ぼくは狐につままれたような気持ちになった。

長崎くんちは毎年10月7日から9日の3日間開催される鎮西大社諏訪神社《ちんせいたいしゃすわ》の例大祭のことで、始まりは１６３４年というから、４００年近くも続いている伝統行事である。神社に奉納する踊りを披露する当番の町を「踊町《おどりちょう》」と呼ぶ。踊町は全部で59あって、7つの組に分けられており、当番がまわってくるのは7年ごと。つまり、樺島町《かばしままち》の演し物である太鼓山「コッコデショ」を観たいなら7年後と、居酒屋のご主人が言ったのはそういう理由からだった。ぼくはコッコデショの誓いを忘れず、２０１８年の長崎くんちを観るために、1年も前からホテルを予約しておいた。

長崎市内に到着したのは10月4日の昼前。この日に「人数揃い《にいぞろ》」があると聞いたからだ。演し物の準備が整ったことを町内関係者に披露する日だという。まだコッコデショを実際に観たことがないから、まずはどんなものなのかを体感したいと思い、樺島町の三角公園に向かった。人がどんどん集まってくる。しばらくすると「アー、ヨイヤーサー」という掛け声が聞こえてきて、周囲の人たちが騒《ざわ》めいた。36人の男たちが担ぐ1トンの重さの太鼓山が入場してくる。担ぎ棒の上には4人の少年が乗り、中央に載せ

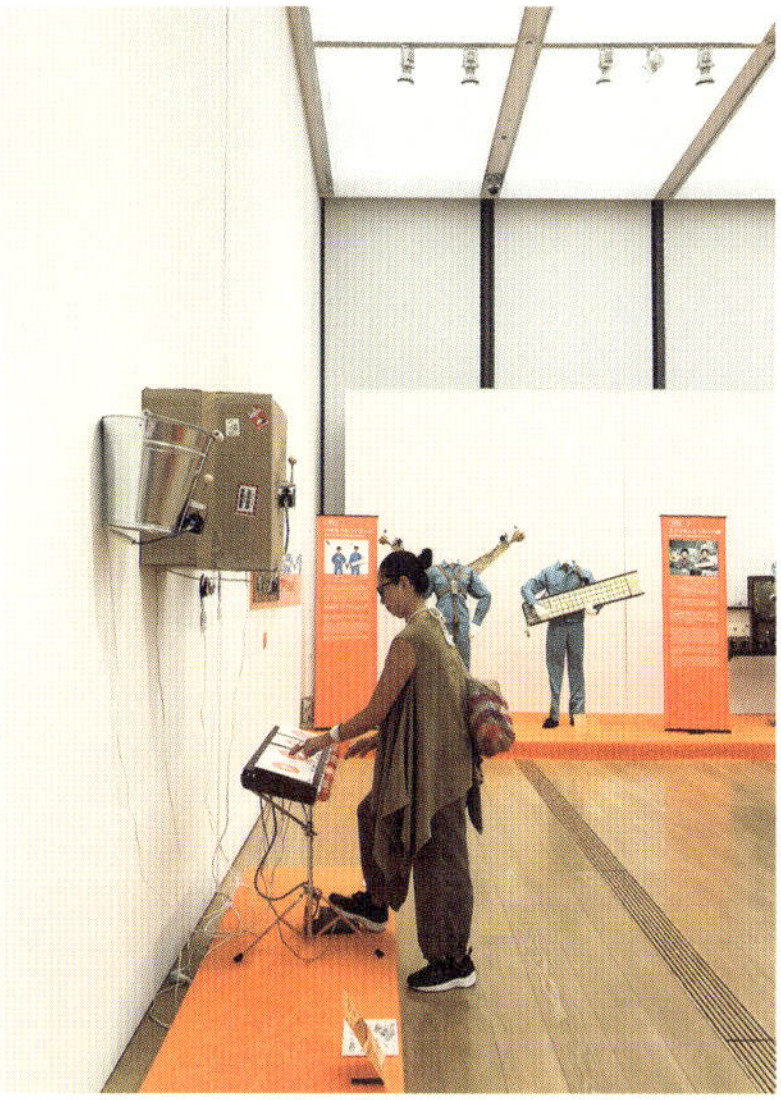

『**長崎県美術館**』（長崎市出島町2-1）で「明和電機展」を観る。

到着後すぐに樺島町の三角公園で「人数揃い」を観る。

最初に長崎と付く好きなものは、「くんち」と「ちゃんぽん」。行列ができる有名店じゃなくても、何処も美味しい。『**朋楽**』

られた太鼓山の中で4人の児童が太鼓を打つ。挨拶をするだけなのかと考えていたが、なんと本番の奉納と同じ演技が始まった。「コッコデショ、コッコデショ、コッコデショ」という掛け声で36人の担ぎ手が息を合わせる。そして太鼓山を空中に放り上げ、片手でぴたりと受け止めた。これが7年前に熱を込めてみなが語っていたコッコデショなのか。長崎に着いて2時間ほどしか経っていないのに、ぼくは心から感動して涙ぐみ、言葉にならない唸り声を上げた。

今井兼次設計の**『聖フィリッポ西坂教会』**
（長崎市西坂町7-8）。

酒の肴はおでんとくんち話。
『桃若』（長崎市本石灰町3-1）

その夜、長崎に住む友人とおでん屋に行き、いきなりおとずれたハイライトを興奮のままに語ってきかせた。気持ちがおさまると、店の外から祭り囃子が聞こえてくることにようやく気づく。おでん屋の若大将が「あのシャギリは街頭放送ですけどね」と言った。地元の人は長崎くんちのお囃子をシャギリと呼ぶのだということを憶えた。

大型の台風が九州に近づいていた。東京を出る時からぼくは心配でならなかった。でも長崎の人たちは気にする様子もない。おくんちの日は必ず晴れると信じきっているようだった。5日の夕方まではいい天気だったから教会見学など市内散策。でも深夜から雨交じりの強風が吹き荒れた。台風の強風域に入ったようで、6日朝も外に出ないほうがいいくらいの激しさだ。ただ、午後になると弱まってきたので、美術館に行って楽しんだ。不思議だけれど、みなの言うとおり明日は間違いなく晴れそうな気がしてきた。

諏訪神社の奉納とは違い、「庭先回り」ならば街中を移動するコッコデショを
至近距離で観ることができて、気迫がびしびし伝わってくる。

祭りの日。

7日の朝はシャギリの音で目が覚めた。ホテルの部屋のカーテンを開けると、窓の下を8人の男たちが歩いている。シャギリは街頭放送ではなかった。羽織袴の先導者と、笛を吹く人が3人、太鼓を担いだ人が2人、それを叩く人が2人。見上げると空は晴れている。いよいよ長崎くんちが始まるのだ。

この日は朝いちばんに諏訪神社で奉納踊りがある。ぼくは友人の厚意で諏訪神社の桟敷席のチケットを入手していたが、それは夜の部で開始は午後4時だ。コッコデショの樺島町の出番は午後7時過ぎの予定である。もちろんすべての演し物を観るつもりだが、まだまだ時間はたっぷりとあるので、それまでは長崎市内をぶらぶらすることにした。昼ごはんを食べてから『長崎歴史文化博物館』に行く。「追悼特別展高倉健」が観たかったのだが、ちょうど長崎くんちに関する企画展をやっていたので、そちらを先に鑑賞した。中に長崎くんちの日に食べる料理を再現した展示があった。それを観て、さっき食べた昼ごはんにくんちの日のハレの料理が含まれていることを知った。小鉢に盛られた膾《なます》に石榴《ざくろ》の実がぱらりとかけられたものをいただいたのだが、前日の夕食にも同じ料理が出てきたので、ぼくはてっきり石榴の季節だからなのだろうくらいに考えていた。そういえばその夕食の最初に甘酒が出てきたのだが、甘酒もくんちの日の食卓に添えられるものらしい。街がくんち一色に染められていることに、あらためて感じ入る。

そろそろ諏訪神社に向かう時間だ。窓から人だかりが見えた。何が始まるのだろうと思いながら博物館を出る。建物横の広場には中国服を着た子供たちや和服姿の女性たちがいて、くんちの演し物だろう船の前で記念写真を撮っている。奉納踊りの他に、くんちの間は「庭先回り」と言って、各踊町がお世話になった官公庁や商店などの前で奉納踊りを披露するのだそうだ。それは誰でも無料で観られるもの

『**長崎歴史文化博物館**』（長崎市立山1-1-1）で観た祝膳。

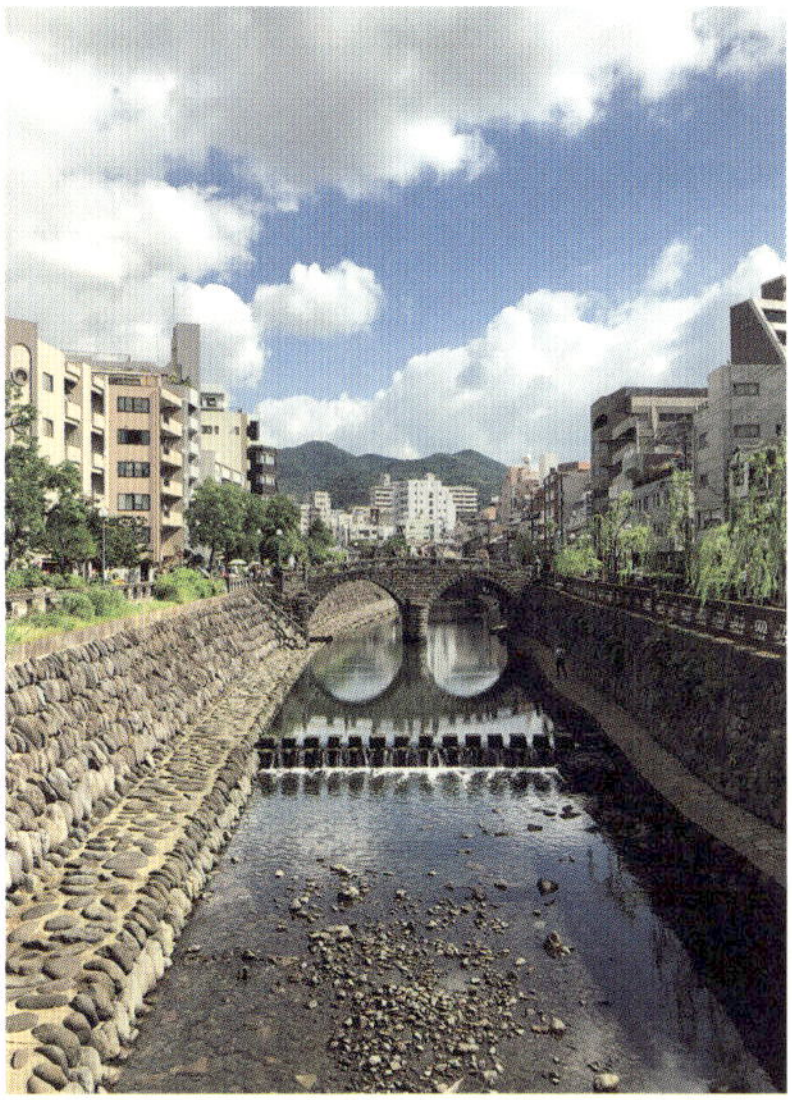

台風も避けて通った長崎くんち開幕の日の眼鏡橋。

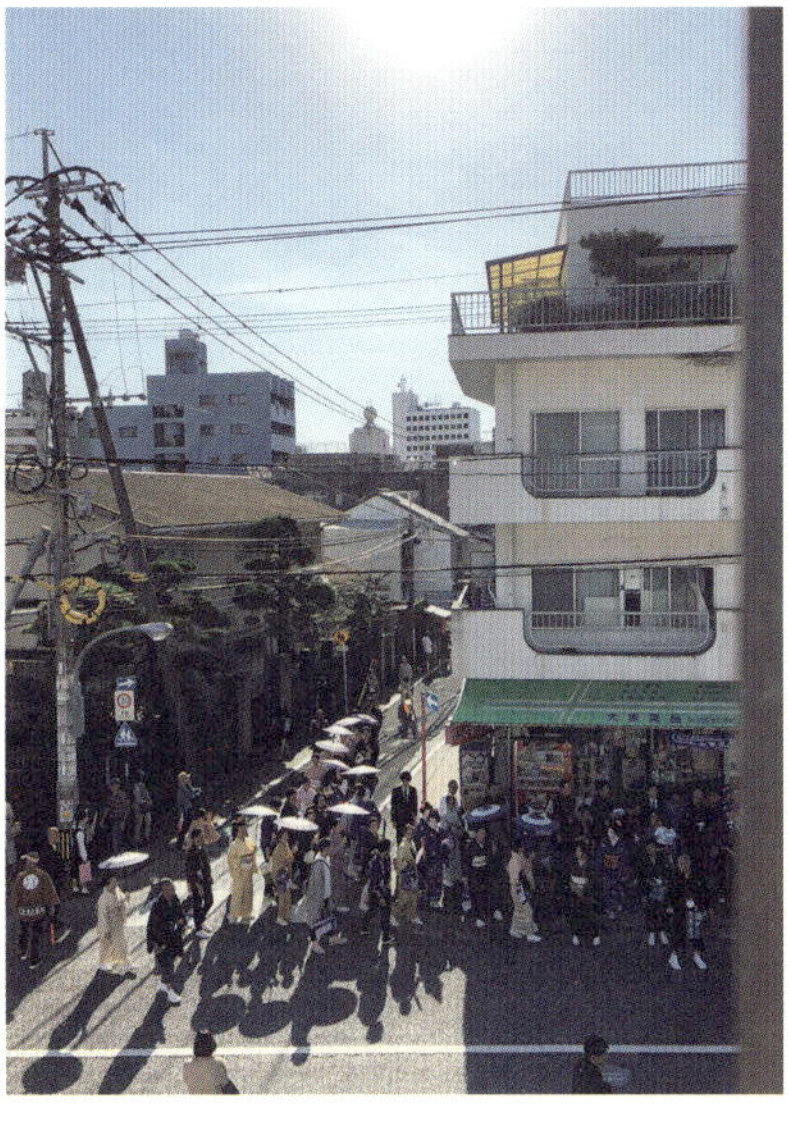

着物姿の女性が集まる。紺屋町の庭先回りだろうか。

だが、諏訪神社で観るそれは、さらに盛大で特別な雰囲気なのに違いない。どんどん気持ちが高揚していく。

諏訪神社の境内に近づくと、大きな歓声が聞こえてきた。仮設階段を上り会場全体を見渡す。みなが掛け声の練習をしているところだった。「もってこ～い、もってこい！」。素晴らしい演技に対するアンコールの言葉だ。ぼくもあらん限りの大声で加わる。すっかり長崎人の気持ちになったところで奉納踊りが

こちらは本古川町「御座船」の庭先回りの列。

もってこ〜い　もってこい

樺島町の先触れの人たち。コッコデショがやってくる。

友人の店の呈上札。パンとワインの店『**バレパン**』。

スタート。紺屋町《こうやまち》、大黒町《だいこくまち》、出島町《でじままち》、小川町《こがわまち》、東古川町《ひがしふるかわまち》、本古川町《もとふるかわまち》と続き、夜7時過ぎに例の「アー、ヨイヤーサー」という声が聞こえてきた。すべての奉納踊りが終了する頃、ぼくの声は完全に枯れていた。

諏訪神社の奉納踊りの素晴らしさに心から満足したので、8日は事前に入手しておいた、どの踊町がどこで庭先回りをしているかがリアルタイムでわかるスマートフォン用のアプリを開くこともなく、街を散策するだけにしようとホテルを出た。ところがすぐに、遠くから「アー、ヨイヤーサー」が聞こえてきて、通りに人が集まり始める。ずっと向こうに太鼓山が見えている。道幅の狭い道路だ。ここをコッコデショが通るのかと思ったら、自然に足が止まった。鼻の先をかすめるような距離で観るコッコデショと担ぎ手の迫力に、昨日とはまた違う感激が湧いてきた。

お腹が空いたので、ちゃんぽんを食べようと思いついて、店を探している間にも、出島町の阿蘭陀船《おらんだぶね》や大黒町の唐人船《とうじんぶね》など、ほぼすべての演し物を通りで見かける。それらは商店や銀行の前に止まっては、短い奉納踊りを披露するのだ。これまでいくつかの街で夏祭りや秋祭りを観ているけれど、早くから外国に門戸を開いていた港町らしい雰囲気が加わっていて、長崎くんちはそのどれとも違うエキゾチックさを纏っている。

7年前に長崎で会った友人が新しい店を始めたと聞いていたので、晩ごはんはそこで食べようと思った。店の前まで来ると道路にチョークで○の中に「カ」と書かれてあった。階段を駆け上がってドアを開け「もしかして」と友人に声をかけると「そうなんです、コッコデショが来るんです」と答える。これから友人の店の前でコッコデショが演技を披露するのだ。階段を下りて待つ。庭先回りを受けるという経験までできるとは、なんと幸運なんだろう。

コッコデショを目前で堪能した後に、友人の店で酒を飲みながら、何かご祝儀を出したのかと尋ねてみた。くんちではご祝儀という言葉は使わずに「花」と言うそうだ。呈上札と「花」と書かれた札を受け取ったら、花という札の裏に住所などを書いて渡す。そして後日、踊町の事務所に「花」を届けるのがしきたりらしい。これだけの感激をもらえたのだから、ぼくもお礼がしたい。その花にこれを足してほしいと少額を友人に託した。

東京に戻って数日経ったある日、その友人から郵便物が届いた。封を開けると手紙とともに、手拭いと領収書が入っていた。「花」を事務所に届けると、そのお礼として手拭いがもらえるのだそうだ。こちらがお礼をしたかっただけなのに、素敵な宝物をいただいてしまった。

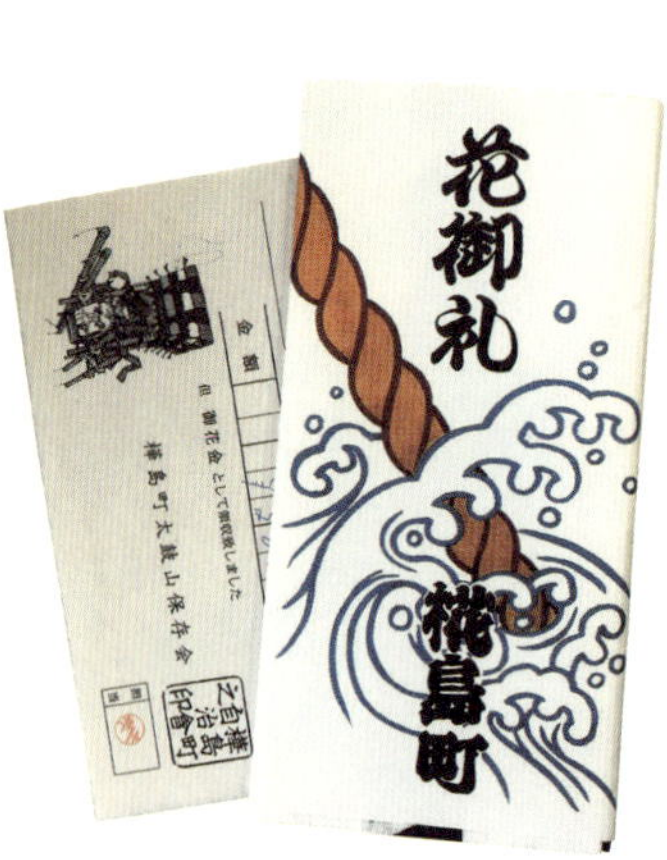

美瑛《びえい》と美唄《びばい》

ソフトクリームを食べた後、娘を肩車して
丘のてっぺんに駆け上っていく父。
『美瑛放牧酪農場』
（上川郡字美瑛町新星平和5235）にて。

美瑛の前田家にて。ストーブがフル稼働する季節、そしてすべての色を
白が覆い隠してしまう季節は、すぐそこまで来ている。

美瑛の春夏秋冬。

これまで美瑛町を目指して北海道に行ったことはなく、車で東川町から富良野市などを経由して十勝方面へ連れていってもらう時に通る、美しいなだらかな丘が続く場所としてだけ記憶していた。車を停めてもらい、何枚か写真を撮ったこともあるけれど、『拓真館《たくしんかん》』という写真ギャラリーが美瑛にあることは知らなかった。

『拓真館』は、美瑛に魅せられた風景写真家の前田真三（1922〜1998）が1987年に開設した写真ギャラリーだ。廃校になっていた小学校と体育館を改装してつくられた。前田真三の存在を教えてくれたのは、前田景《けい》くんという、アートディレクターで写真家の若い知り合いだ。彼は前田真三の孫なのである。教えてもらったと書いたけれど、彼のインスタグラムをときどき見ているうちにその事実を知ったということだ。その景くんが、どうやら将来、美瑛に一家で移住して『拓真館』をリニューアルするつもりだと数年前からほのめかしていたことも、後でインスタグラムを通じて知った。

美瑛の前田家を訪ねた。彼らは拓真館の隣に住んでいる。景くんのパートナーは、料理家として知られる、たかはしよしこさんだ。二人の結婚式は拓真館で執り行われた。彼女は東京の西小山に『S/S/A/W』というアトリエを持っていて、そこで食堂をやったり料理教室を開いたりしていた。いま店はスタッフたちに任せて、よしこさんは監修役である。

彼らが本格的に美瑛に移り住んだのは今年の4月。春から夏を経験し、そして駆け足でやってきそうな秋を感じ始めたばかりだ。よしこさんは、来年、拓真館の敷地内の建物を改装して食堂を開こうと計画している。きっと美瑛ならではの料理を考えようとしているからだと思うが、景くんと一緒に近所の農家をまわっていろいろな野菜を見たり、裏庭に畑をつくって実際に育てたりしながら、土地に根ざした具体的な食の知識を得ていくつもりなのだろう。夕食にいただいた料理には、前田家の畑で採れたジャガイモやほおずき、ブッシュバジルなどが使われていた。子供の頃から家族とともにたびたび北海道に来ていた景くんとは違い、よしこさんは徳島の出身だから、これから訪れる冬をどのように過ごすのだろうか。

前田真三が写真家としての活動を本格的に始めたのは40歳を過ぎてからだったようだ。鹿児島県の佐多岬から北海道の宗谷岬《そうや》までの撮影旅行の過程で、偶然、美瑛の風景を知ることになる。丘の畑は季節によって色が変わる。それは、続けて同じものだけを植えていると土地が痩せていって起こる、「連作障害」を避けるための農民の知恵だ。麦、ジャガイモ、豆類、ビーツ、蕎麦、トウキビ。少しずつ収穫時期が違うので、訪れる季節によって風景、とりわけ色が違う。さらに収穫後の土の色、そして冬の雪に覆われた白も、そこに加わる。時間帯や天候など、あらゆる要素がその時にしか見られない美しい風景をつくるなら、ここに住んですべての瞬間に立ち会いたいと写真家は考えたに違いない。

手元にある携帯電話で誰でも簡単に写真が撮れるようになり、美瑛にも美しい風景を求めて観光客が押しよせるという話をよく聞くようになった。ときどき畑に入って作物に被害を与えることもあるという。けれど、たとえ美しい風景がそこにあっても、美しい風景写真を誰もが撮れるわけではない。風景写真とはなんなのか、景くんは拓真館のリニューアルと、祖父・真三の写真の整理を通じて、ここを訪れる人に問いかけるつもりなのだと思う。ぼくは、次は冬に行こうと決めている。

『収穫の丘』。「一見静止している風景は出合った瞬間でないとその美しさが全く見えなくなってしまう事がしばしばあります」(前田真三)

『拓真館』(上川郡美瑛町拓進)。入場無料、冬季休館。建物の左側にある美しい白樺回廊を歩くのを忘れないように。

前田真三がお客さんを招いてジンギスカンを振る舞う時に使ったという別棟。ここがよしこさんの食堂になる予定だそう。

素麺をごちそうになった。つゆはピリッと辛いトマト味。つまりガスパチョに麺を浸して食べる。前田景、たかはしよしこ夫妻。

歌志内と葡萄畑。

美唄の北に歌志内《うたしない》という元炭鉱町があって、残念ながらいまは全国でもっとも人口が少ない市として有名である。ここに、ぼくがひょんなことからその存在を知った「上歌《かみうた》ヴィンヤード」という葡萄畑がある。ここも、かつては石炭の露頭掘りをしていたエリアで、炭鉱住宅が立ち並んでいたそうだ。炭鉱閉山にともない、離職者対策のために、そこをワイン用の葡萄を栽培する畑に変えた。葡萄の栽培は2010年頃まで続けられたが、その後は耕作放棄地となった。2016年に歌志内市がそこを再び葡萄畑に戻そうと考えた時、地域おこし協力隊としてその栽培管理を任されたのが、元イタリアン・レストランのソムリエだった遠藤真人《まさと》さんである。最初の1年は枯れた葡萄の木とそれを支える支柱を抜くことから始めたそうだ。

　ぼくは3年連続でここを訪れている。元炭鉱町で育った葡萄から美味しいワインが生まれるのなら、その過程を見ておきたいと思ったからだ。同じ空知支庁には素晴らしいワインの造り手がいるので、遠藤さんは「諸先輩がた」に相談をしながら、寒冷地には向かないとされるヨーロッパ品種を育てている。その苦労について殊更に強調することはないが、遠藤さんの淡々とした語りからは、この土地で葡萄を育てることの難しさが素人のぼくにも伝わってくる。

　1年ぶりで会う遠藤さんは開口一番、今年は天災

雪が少なかったので葡萄の木全体が雪の中に埋まらなかった（雪の中のほうが暖かい）ため、葡萄の木のダメージが大きかった。

丹念に葡萄の実を調べる遠藤さん。
ブドウトリバというガの幼虫が実の中に入ると
食害をもたらす。

レベルと言っていいほどひどい年かもしれないと言った。４年目を迎えた畑の３千本のうち千本の木が枯れてしまったそうだ。こういう時に、店で美味しいワインを飲んでいるだけのぼくは、なんと声をかけたらいいのだろうか。せめて美味しいワインができるまでに、どれほどの困難を乗り越えなければならないのかくらいは、知っておかなくては。

手前の門のような作品は「天聖」、奥の作品は「天沐」。
『安田侃彫刻美術館 アルテピアッツァ美唄』（美唄市落合町栄町）

美唄と彫刻。

北海道は14の支庁（行政区画であり、行政の出先機関）に分けられてきた。「支庁」という言葉は道民には馴染み深いが、他の都府県ではあまり聞かないかもしれない。美唄市は空《そら》知《ち》支庁の所管（ただし、支庁制度は２０１０年に廃止され、現在は空知総合振興局）。空知は日本有数の炭田を有し、かつてはたくさんの炭鉱町があった。しかし石炭産業の衰退とともに、それら炭鉱町は人口減少と新しい産業の育成という問題を突きつけられてきた。空知の炭鉱町のひとつに生まれ育ったぼくは、閉山後の町の寂れた暗さにいたたまれなくなって、東京で暮らすようになったし、故郷にはもう戻らないと決めている。ところが最近、その元炭鉱町にこんなふうに関わる人たちがいたんだと、驚くことが増えてきた。

たとえば、美唄には『安《やす》田《だ》侃《かん》彫刻美術館 アルテピアッツァ美唄』という美しい場所がある。安田侃の名前を知ったのは、イサム・ノグチと札幌市の関わりについて調べている時だった。札幌市の大通公園に「ブラック・スライド・マントラ」という彫刻がある（完成は１９８８年）。子供たちは、この彫刻を滑り台と考えるだろう。ブラック・スライド・マントラは、１９８６年のヴェネツィア・ビエンナーレに、アメリカ代表としてノグチが出品した彫刻「スライド・マントラ」を前身としていて、その「スライド・マントラ」の制作を手助けしたのが安田侃だった。安田は１９７０年にイタリアに渡り、ローマの美術学校で学んだ後、イタリアの良質な大理石の産地ピエトラサンタにアトリエを構えて彫刻制作をしていた。そんな縁でノグチに手を貸したのである。ぼくは二人の関わりを知って、その後、安田侃の美術館が北海道にあると教えてもらい、ぜひ訪ねてみたいと思った。場所は美唄市だという。どうして元炭鉱町を選んだのだろうと不思議に感じたが、安田は美唄市の生まれなのだった。

アルテピアッツァ美唄がある場所は、もともとは炭鉱従業員のための住宅が立ち並んでいた地区だったそうで、そこに住む子供たちが通っていた小学校の旧校舎や体育館の中にも作品が展示されているのだが、敷地7万平方メートルに及ぶなだらかな丘と森の中に設置された野外彫刻を観てまわるのが楽しい。そこに昔は炭鉱住宅があったとは思えないほど、自然の緑が美しい。これらが閉山後に再生された森だということには想像も及ばない。

ぼくがボンヤリして気づかなかっただけかもしれないが、アルテピアッツァには正門のようなものはなかった。火曜日は休館ということだったが、正門がないのだから、誰でもいつでも自由に出入りできる。なにしろ入場無料だ。この場所から大切な何かを得られたと思ったら、ここがより永く続くように寄付という形でお金を置いていく。敷地内に点在する野外彫刻には、細かな解説はついていないし、生い茂った笹の根元に蹲《うずくま》るように置かれた彫刻など、よく見て歩かないと見逃してしまいそうなものもある。おそらく安田は、一度ですべてを観られなくてもいいと考えているようだ。それよりも、この場所に身を置いて、何に急かされるでもなく、ゆっくり自由に時間を過ごして、その中に彫刻作品に触れる（実際に手で触る）時間もあればいいと、鷹揚に構えているのだと思う。考えてみれば「アルテピアッツァ」というイタリア語は「芸術広場」という意味だ。美術館ではなく広場。そこにすべてが込められている。

実はここに来るのは二度目。前回は春で、まだ雪が残っている季節だった。雪に覆われた丘に点々と散らばる彫刻を遠くから眺めた。それも悪くなかったが、森の坂道を上りながら彫刻を眺めるのはまた格別だ。そして、低い丘の頂上にたどり着いた時に、下からは見えないような位置にまたひとつ彫刻が置かれていることに気づく。アートというものが、いかに感情に大きく働きかける、人にとって必要な善きものであるかが、一層よくわかった。

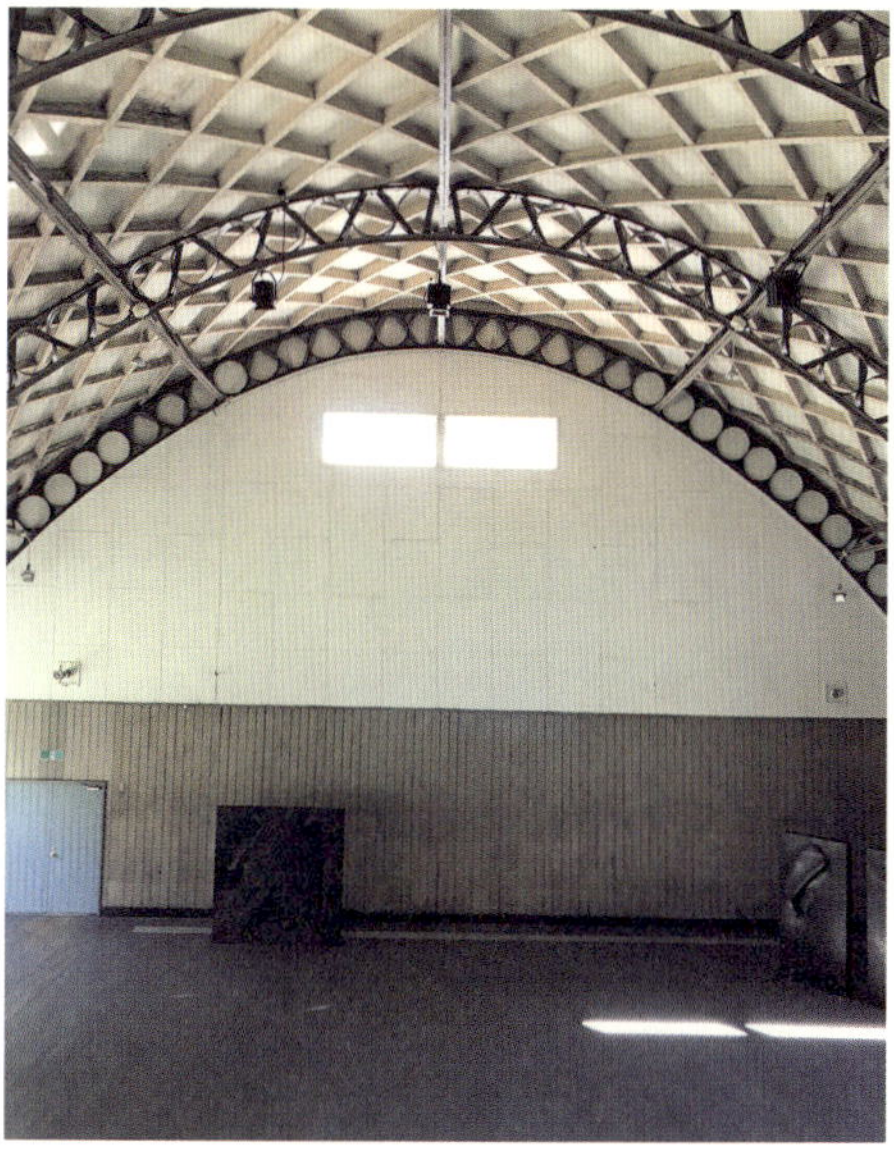

最盛期には1250人の児童が通った美唄市立栄小学校の校舎の一部と体育館では、彫刻を室内展示している。
外に広がる木々や清流に囲まれたスペースには、野外彫刻が点々と設置されている。

敷地内の『**カフェアルテ**』で食べたサンドイッチが美味しくて、パンを焼いている店を教えてもらい、
『**炭鉱メモリアル森林公園**』(美唄市東美唄町一ノ沢) にある作品を見た帰りに、そちらにも寄った。

宮崎へ

宮崎県の都城に行く理由はふたつ。ひとつは『**アウリコ**』（都城市松元町一街区1号）というお店に行くこと。西都城駅にある。

都城から宮崎へ。

都城へ行く用事ができた。ならば『アウリコ』に行きたいと思った。４年ほど前に一度だけ行ったことがあるのだけれど、いまはその時とは違う場所にあるらしい。西都城という駅の中だと聞いたが、駅が商業施設と直結していて、その中に店を移したのだと思っていた。実際に行ってみたら、本当に言葉通り、駅の中にあったのだ。

ぼくはいつアウリコを知ったのだったか思い出せない。カミさんがアウリコのストールを持っているが、最初にキャミソールだかを買ったのは都城ではなくて、鹿児島県の鹿屋《かのや》にある店だったはずだと言う。だいいち、カミさんは都城に行ったことがないのだ。ぼくもアウリコのオーナーである平原大喜《ひらばるまさき》くんにはじめて会ったのは、たしか東京だったと思う。アウリコを知っている友人たちが口裏を合わせたように言うのは「アウリコの染めはすごい」、そして「それ以上に洗いがすごい」ということだ。染めた後の洗いの技術がすごいので、色出しは美しく色落ちもあまりしない。そして必ず加わるのは「でも、平原くん、変わってますよね」という一言。ぼくは彼ときちんと話した記憶がないので、曖昧に笑いながら頷くだけだった。都城の新しい店に行ったら、彼から藍染めの話など、ゆっくり聞こうと思っている。店と染めをやる工房と、両方へ案内してもらえるのだから。

さて最初の話、店が駅にあることについて。アウリコは駅舎の一部を借りて営業している。ここは国鉄時代に小手荷物受渡所として使われていた。高架線の下にある西都城駅の南端。だから大家さんはＪＲなのだそうだ。そこにはもちろんアウリコの洋服やストールなどが並べられている。他には文房具など。見ていて気付いたのだが、彼が気に入っているものを、他に買う人がいるのじゃないかと考えて置いている感じだった。ちょうどいい気候だったからコットン・カシミアのロングＴシャツを買った。と

アウリコの設立は2006年だそうだ。藍染めは徳島で学んだ。洋服をつくるよりも、その素材を染めるところからこの世界に入っている。

小手荷物受渡所だった頃の名残なのか。宅配便の配達員も、店の中に入らずに窓をトントン。スタッフが窓を開け、荷物を受け取った。

工房は大きな鳥居の近くにある、元歯科医院だった建物である。歯科時代の器具など、気に入ったものは取っておいてあるようだった。

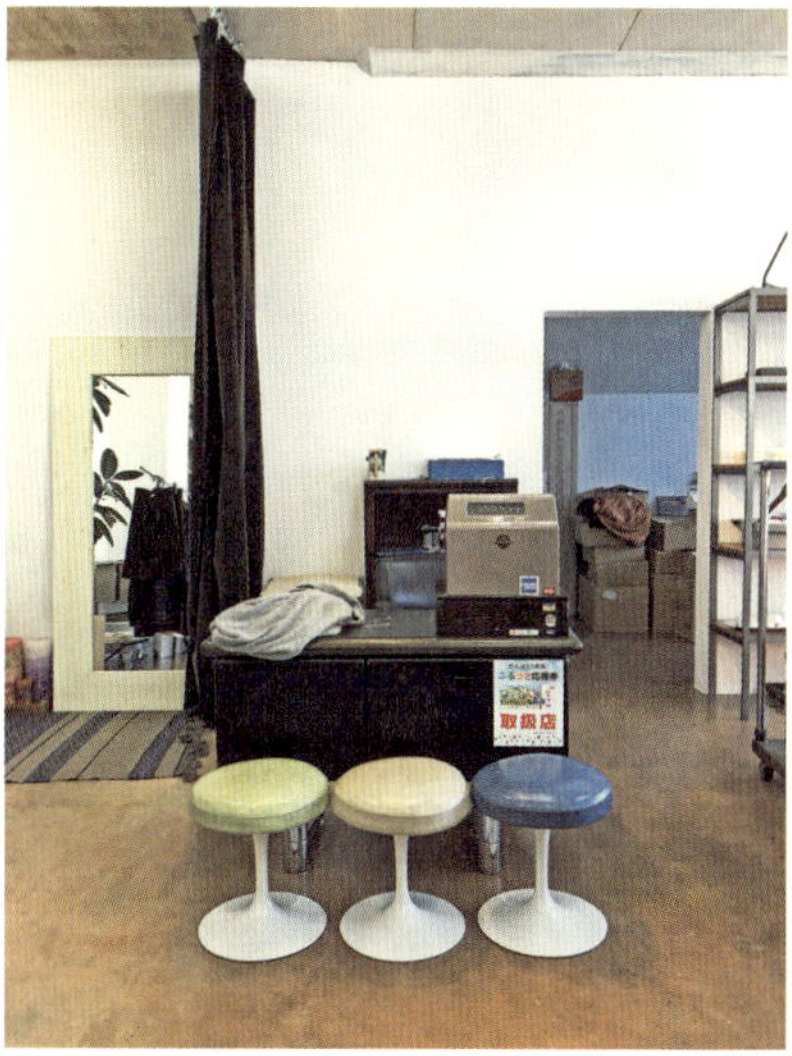

店内の壁は白だと思っていたが、入り口と窓のあるほうから奥に進むと白に青が混ぜてあるのだという。たしかに影が少し青っぽく見える。

絞り染めのニット。藍で染まっていない部分のほうが多いし、藍と白のコントラストがはっきりしている。きっと難しいに違いない。

染めをする大きな桶。工房にはラバーメイド製品があちこちにある。この桶がラバーメイドのものだったかは確認できなかった。

はいえ、ぼくには中にシャツを着てセーターとして着るのがちょうどいい。

それから平原くんの車で工房へ向かう。そこはスタッフの一人のおじいちゃんがかつて開いていた歯科医院の建物だった。神社の境内の一角なのだろうか、大きな鳥居のそばだ。そこで染めや洗いや絞りなどの作業をするようなのだが、彼は染めの話ではなく、その作業所で使っている数々の「ラバーメイド」製品のすごさについて語りだした。ラバーメイドはアメリカで1950年代から、業務用、家庭用のプラスチック製品をつくっているメーカーだ。横でスタッフが染色をしているが、染めの話は何もしてくれない。

そのうちに、平原くんが「お昼を食べに市内へ行きましょう」と言った。車で中心部から少し離れた場所に来ているのは確かだ。「その店の暖簾をぼくがつくったので、見てほしいんです」と運転しながら彼は言うのだが、車は高速道路に乗った。市内ってどこ？　思わず尋ねたら、宮崎市内に向かうとのこ

一心鮨の暖簾は平原くんの作。白と思ったのだが、ここも店の壁と同じで、ごくごくうすい青なのだった。光の加減でそのことがわかる。

『一心鮨 光洋』（宮崎市昭和町21）で昼を食べた。市内に行くと言われたから、都城市内と思っていたら高速で宮崎市まで。

とだった。

店は鮨屋だった。入り口には白い暖簾がかかっている。藍染めじゃないんだと思ったが、お腹が空いていたので、まずは平原くんが予約してくれていたちらし寿司を食べた。食後にどこかでコーヒーを飲みながら、今日のことをいろいろ尋ねてみようと思った。ところが行ってみた店は定休日。仕方がない。宮崎駅のわりと近くだったから、帰りは宮崎駅から鹿児島行きの特急に乗ることにして、駅まで送ってもらった。電車に1時間ほど揺られていたら、西都城駅に停車した。いまアウリコの上に停まっているのかと、感慨深かった。

後日、平原くんに聞いたところによると、あの店の暖簾は白ではなく、ごくごくうすい藍なのだそうだ。藍でうすい水色くらいに仕上げたものを、生地を傷めないように、2カ月以上の時間をかけて日光に晒し、水に晒すという工程を繰り返して、あの色にしたのだという。彼の見ている藍色はぼくとはぜんぜん違う。

都城の勘違い。

都城へ行くことになったのは、鹿児島の友人たちとの約束があったからだ。鹿児島県の霧島市から宮崎県の都城市は各駅停車の電車でも30分ほどの距離で、霧島に住む友人がよく都城に行ってはおでんを食べていることを知ったぼくは、いつか連れていってほしいとお願いをしていた。仕事があって、2週間ほど鹿児島に行くことが決まり、真っ先にこの友人に「都城に行きたい」と連絡をしたら、日曜日の夜に予約をしておきますと返事があった。それと、30年くらい前に東京で一緒に仕事をしていた夫婦が、いまは都城に住んでいる。だから彼らとも会いたいと思った。そしてアウリコにも行けると考えた次第なのである。おでんは夜だから、その日の昼に都城で友人夫妻に会い、そのまま都城に宿泊して翌日アウリコへ行こうと計画した。

そして当日。鹿児島中央駅から特急で都城駅まで行き、出迎えにきてくれた友人夫妻に会った。何年ぶりだろうか。まずとにかく、何か食べて、それからお茶でも飲みながら話そうということになったのだが、友人が「都城はめったに来ないから、あまりよく知らないんだよね」と言う。都城に住んでいるのじゃなかったっけと問うと、「いや日南《にちなん》市の近くだよ」と答えた。たしかに彼は都城出身には違いないが、住んでいるのはここまで車で1時間ちょっとかかる別の町だったのだ。うどんを食べながら、勘違

友人夫妻が連れていってくれた『**やぶしげうどん 川東店**』（都城市上川東4-5980-1）。ごぼう天うどんを食べた。

都城市立図書館でコーヒーを飲む。ここはもとはショッピングモールだった建物だ。行きたいと思っていた場所に期せずして行けた。

いを詫びた。食後のコーヒーは、ここにたしかカフェがあったはずと入った都城市立図書館で飲んだ。そういえば日南市には、丹下健三が設計した建物があったはずだ。「あ、あの変わった建物ね。いまもあるよ」とのこと。時間があればそれを見に行きたいと思ったが、夜はおでんの約束があるので諦めた。カフェからの帰り、彼らはまずアウリコの場所を教えてくれた。それからぼくをホテルまで送り届けてから、日南市の方へ帰っていった。本当に悪いことをしたと思う。

約束の6時に、現地集合と指定された『ジャングル』という店に行った。市内に何軒かある店の中でも、よく名前を聞く有名店だ。ここが都城おでんのスタンダードをつくった店だという話も何かで読んだことがある。都城までおでんを食べに来る霧島の友人の「盛り合わせでいいですか？」の言葉に頷いて、自分たちのテーブルに運ばれてくるのを待つ間、焼酎のお湯割りを飲んだ。そういえば、全国の焼酎の売り上げランクのトップは、ここ数年、ずうっと霧島酒造だが、鹿児島ではなく、都城の会社であることを思い出した。

盛り合わせの大皿を眺める。キャベツがある。ロールキャベツではなく、さっとおでん鍋のつゆにくぐらせたキャベツ。あとは鹿児島でも必ず食べる豆もやし。ただし、

『ジャングル』（都城市栄町8-6に移転）。持参した鍋に入れてもらって持ち帰るお客さんも多い。戦後間もなく開店した都城最古のおでん屋。

アウリコのある西都城駅の待合室的な広い場所に、ぽつんとあった列車文庫と書かれた本棚。誰がつくったのだろうか。

ここでは「おやし」と言うらしい。食べてみると柑橘系のさわやかな苦さが香る。柚子の皮をすりおろしてかけてあるらしい。夏だと、柚子ではなく日向夏を使うのだそうだ。そしてナンコツ。ぼくひとりだったらたぶん頼まないおでん種だが、これがほろりと柔らかく煮込まれていて、くさみもまったくない。鹿児島の友人たちが、都城までおでんを食べに来る理由が、これでよくわかった。日曜日なので、他に開いている店はあまりなかったから、ぼくらは都城駅で別れた。

ところでぼくは、前に都城に来たことがあると思い込んでいたのだが、その時は、宮崎市と日南市、そして都城市を車でまわっていたのだということを、ホテルでその時の写真を見ながら思い出した。それをすべて都城だったと記憶していたようだ。鹿児島中央駅から日南に電車で行くとどのくらいかかるのだろうか。調べたら乗り換え1回で4時間以上かかる。でも、日南市にも行きたくなった。ぼくは手帖を引っ張り出し、この日に行こうと決めて印をつけた。

都城から日南へ。

宮崎市の鮨屋さんで見た暖簾について、平原くんに質問する時に、日南市に行こうと思っていることもメールに書いたら、だったら一緒に行きましょうよと彼が返事をくれた。西都城駅まで来てもらえれば、ぼくが車で連れていきますよと言うのだ。図々しいとは思ったものの、お言葉に甘えることにして、電車で西都城まで行った。

「軽くお昼を食べましょう」と言う平原くんの後ろについて、駅の反対側へ。ずいぶんと景色が違い、住宅地という感じが強くなった。彼がよく行く『珈琲の田中』という店でサンドイッチを食べる。開店ちょっと前から駐車場には車が何台か停まっていて、店がオープンすると同時に、わらわらとお客さんが中に入っていく。思ったよりも大きなサンドイッチで腹は満たされ、いよいよ日南市に向けて出発した。

電車だと南宮崎という駅まで乗って、そこで乗り換えて日南市を目指すらしいのだが、車だと山をひとつ越えると行けるのだそうだ。目的である『日南市文化センター』について調べていたら、同じ日南市にはモアイ像もあるらしく、そこは近くなのかと平原くんに尋ねると、宮崎市へ行く途中にあるから、そこにも寄りましょうと言ってくれた。

日南市文化センターは日南市の市政施行20周年の記念事業として1962年に完成した建物だ。設計者は丹下健三。彼の代表作のひとつである東京の『国立代々木競技場第一体育館』の完成は1964年なので、初期の作品であるとともに、九州唯一の丹下建築である。車で近づいていくと、その異形に驚く。建物の外観はコンクリートの山脈のようで、垂直な壁が見当たらない。中のホール施設は現在も使用されているようで、ぜひ見てみたかったがそれはかなわなかった。壁画もひとつあるらしい。緞帳《どんちょう》は篠田桃紅《とうこう》の作品だという。とにかく圧倒的な存在感のある建物で、連れてきてもらって本当に良かったと思う。ちなみにこの文化センターのことを調べると、同時に都城市の市民会館に触れているものが多かった。こちらは菊竹清訓《きくたけきよのり》が設計し1966年に完成した建物だったが、多くの惜しむ声にもかかわらず、昨年、解体されてしまったようである。

そこからは海岸線を宮崎に向けて走る。その途中にモアイ像のある『サンメッセ日南』があった。そこにどうしてイースター島のモアイ像があるのかについては興味深い物語があるようだ。碧い海をバックにしたモアイ像の前で、ずいぶんたくさんの写真を撮ってしまった。宮崎の海の碧さは特別なのだと納得できる美しさだ。

さて、あとは宮崎駅に向かうだけだったが、平原くんが青島神社の近くにいい店があるので寄っていきませんかと言ってくれた。そこは卵や乳製品を使わず、植物性の食材のみを使ったマフィンと創作和菓子をつくる工房『ぽんちせ』が開いた喫茶室だった。メインの通りから脇道に入った住宅地にひっそりとある。そこのマフィンが美味しいから買って帰ろうという提案なのだと思っていたら、この日は喫茶室がお休みだったにもかかわらず、平原くんが連絡をしておいてくれて、少し休んで行きましょうという計らいだったようだ。畳の上に座り、お茶とお菓子をごちそうになった。とてもいい時間だった。

そういえばぼくは青島神社にも前に行ったことがあったのを思い出した。大分や鹿児島や熊本にはよく行く町があって、それぞれ強い印象を持っているのだけれど、宮崎についてはは明確なイメージを持てていなかったのだ。これまで九州では宮崎県に行ったことはないと口にしていた自分が恥ずかしくなってきた。行ったことがある場所は、これまでもあったのだ。宮崎駅に向かって走る平原くんの車の中で、ぼくの頭の中の真っ白な宮崎県地図に色をつけていこうと思った。その色はもちろん藍色だ。いつまでも色褪せない、特別な染め方と洗い方をした藍と同じ色にしていこう。

およそ1時間強のドライブの末、日南市文化センターに到着。垂直の壁がないとは聞いていたが、山脈のような外観に圧倒される。

アウリコで待ち合わせ、まずは駅裏の**『珈琲の田中』**（都城市西町3693）へ。開店早々にもかかわらずお客さんが次々訪れる。

ホールのある内部には入れなかったが、喫煙所のようなスペースがあった。天井はあるが壁はない半屋外のような場所。

コンクリートの壁と不定形の窓。白い塗装が剥げ落ちたのだろうか。丹下健三初期の傑作。残っていて本当に良かった。

『サンメッセ日南』（日南市宮浦2650）のモアイ像は、イースター島から正式な許可を得て、復元・設置したもの。やはり興奮する。

建て替えや取り壊しにならないことを望むが、それは無理な話なのかもしれない。
『日南市文化センター』（日南市中央通1-7-1）

マフィン工房は『ぽんちせ』という名前。アイヌ語で「小さな家」を意味するそうだ。
喫茶室**『海と山のまにまに』**（宮崎市内海1032-1）

平原くんの知り合いがやっている喫茶室に寄った。卵と乳製品不使用のマフィンなどをつくって、イベントなどで出張販売もする。

徳島へ

JR徳島駅まで車で迎えにきてくれた友人と一緒に神山町へ。あいにくの雨だったが、雨だから美しいと感じる景色がそこにはあった。

目的地は**『かま屋』**と**『かまパン＆ストア』**（名西郡神山町神領字北190-1）。
建物の外壁の黒板に、どんな考えでできた場所なのかが書いてあった。

神山町のフードハブ。

実際にここに来てみるまで、ぼくはたくさんの誤解をしていた。そもそも友人が神山町に移住したのは、『かま屋』と『かまパン＆ストア』という店をつくるためだと思っていた。車を運転する彼に話を聞いてみると、もちろん食に対する興味を募らせるきっかけがあって、消費者側から生産者側にまわりたいという考えは抱いていたらしいが（ここまではぼくも知っていた）、直接には東京でやっていた仕事のサテライトオフィスを探す過程で、紹介されて気に入った物件が神山町で見つかったからということだった。彼は愛媛県の出身だから、同じ四国ということも大きかったのかもしれない。家族とともに２０１４年から神山町に住み始め、すぐに神山町の創生戦略ワーキンググループに参加した。そこでの議論から「フードハブ・プロジェクト」という構想が生まれた。フードハブというのは、もともとはアメリカで生まれ、農務省が推奨してきた考え方だそうだ。若手の農業家を育てる農業支援の仕組みを取り入れて、料理や加工品をみんなでつくる場所、一緒に食べる場所として、地域の人が集まることのできるところをつくろうと議論が発展し、２０１７年にオープンしたのが、かま屋とかまパン＆ストアという、このプロジェクトの拠点だった。小規模の生産と小規模の消費を地元でつなぐことを目指し、耕作放棄地を借り受けて米を栽培したり、学校と連携して食育

食堂とパン屋がL字形に配置されている。天気が良ければ、もっとたくさんの人が食事をしたりパンを買ったりしているのだろう。

メニュー全体を監修しているのは、東京・神田にあるレストラン『ザ・ブラインド・ドンキー』（清澄白河に移転）のシェフ、ジェローム・ワーグだそうだ。

食堂のキッチンは広く、建物の真ん中にある。地元の高校に通う学生服を着た子たちが、「はじめて来ました」と入ってきた。

にも関わるという活動などを含む、「地産地食」という目標を掲げた、小さな町のための小さな、否、大きな活動だったわけである。

オープンしてすぐの頃から、とても良かったという印象をいろいろな知り合いに聞いていたけれど、何故か「じゃあ行ってみよう」という気にはならなかった。ぼくの重い腰を上げさせたのは、去年たまたま近所で手に入れたかまパンの食パンだ。トーストにして食べた時の、その美味しさに驚いて、一度行ってみたいと思うようになった。隣の香川県には年に数回行くこともあるのに、徳島県にはあまり縁がない。はじめてということではないけれど、徳島に行ってきたという実感をともなうような旅はこれまでなかったから、いい機会だった。

到着してすぐに食べたランチは、人参のサラダ、ゴボウのスープ、菜の花とフキノトウの天婦羅、釜炊きのマスタードシードご飯、タンドーリチキンと菊芋のチップスがセットになったものだった。内容は週替わりだそうだ。食材については「できる限り神

山の無農薬・減農薬栽培のものを使用する」と、テーブルに置いてある、月ごとの「産食率（地域の食材の利用割合）」を示す小冊子に書いてあった。飲まなかったけれど、アルコールメニューには「神山ビール各種」とか「神山の味２０２０　純米酒　山廃仕込み」というのもあった。神山ビールは、フードハブ・プロジェクトが復活させた神山小麦を使っている。オランダから神山町に移住してきたアイルランド人と日本人の夫婦が醸造したもので、日本酒のほうもフードハブが育てた米を使って三好市の酒蔵がつくった。目標として掲げた「地産地食」は確実に実現しつつあるのだと感じる。

かまパン＆ストアの店内。パンの他に『神山の味』という書籍を買った。神山の特産物を使った家庭料理や行事料理のレシピを集めた本だ。

食後、最初の目的だった同じ敷地内のすぐ隣のかまパン＆ストアにも寄ったが、朝のほうが揃っていると聞いて、出直すことにした。翌日、焼きあがった日に送ってくれるというので、何種類かパンを買う。「超やわ」という名の付いたパンがある。地元のお年寄りのお客さんのために、ハード系だけでなく、やわらかいパンもつくっているとのこと。送ってもらうのとは別に、あとでおやつにしようとドーナツを買った。帰りの列車で食べたドーナツは、美味しさがじわりと時間をかけて立ち上がってくるような、滋味深い味がした。

神山町から徳島市へ。

神山の温泉宿に泊まって迎えた翌朝、再びかま屋を訪れて、週末限定の朝粥を食べた後に、友人が大粟山を案内してくれた。1999年から始まった「神山アーティスト・イン・レジデンス」というアート・プロジェクトで、神山町に滞在した作家たちが制作した作品が山の斜面に在るのを観られる。詳しく話を聞く時間はなかったけれど、このアート・プロジェクトを始めた「グリーンバレー」というNPO法人の存在が、神山町の現在と将来にとって鍵となるのだなと思った。いつかその代表に会ってみたい。ところが、友人が言うには、昨日かま屋で昼ごはんを食べていた時に、ぼくらの隣のテーブルに座っていたのがその人だった。たった一度の訪問では、どんなキーパーソンに会えたとしても、その人の言うことをすぐに理解できるほどには、この町の歴史もなにも知らないのだから、また次の機会を待つのが良さそうだ。

それから、友人が移住してきて最初に住んだ寄井という地区にある、現在はテスト・キッチンとして使用している長屋を見せてもらったり、その裏にある『寄井座』という劇場や、『豆ちよ』というコーヒー豆の焙煎と豆売りをしている店にも連れていってもらった。豆ちよは「寄井の家と店」という民家再生プロジェクトによって、外観は元の雰囲気を可能な限り残して、内部を改造した建物を使っている。オーナーは千葉から移住してきた人だそうだ。友人もそうだけど、移住者にとって地元の人たちとの関係は難しくないのだろうか。友人を見る限り、そこに苦労している感じはあまりない。このあたりについて、ぼくはいつかもう少し突っ込んだ話をしたくなった。移ってくる人たちを受け入れる気風というものが神山にはあるのかもしれないし、ならば、その気風はどのようにして出来上がったものなのか知りたい。

ところで、友人に連絡を取った時から、彼がぜひ

1929年にできた劇場『**寄井座**』(名西郡神山町神領字北84)。天井には往時を偲ばせる手描きの広告が。一度閉鎖されたが2007年に復活した。

立ち止まって覗き込まないと何の店かわからないが、町の雰囲気を壊すことなく存在する。『**豆ちよ焙煎所**』(名西郡神山町神領字北85-3)

大粟山にあるランドアートを観る。「神山アーティスト・イン・レジデンス」をきっかけに神山に移り住んだ芸術家もいるのだそうだ。

民藝店。土地らしさ、地場産業とのつながりを大事にする店。喫茶スペースも、素晴らしい。『**遠近**(おちこち)』(徳島市上八万町樋口266-1)

滝の焼餅屋は何軒かあるが、友人の一押しはここだった。兄妹で餅を焼く姿は映画を観るようだ。『**滝の焼餅よねや**』(徳島市眉山町大滝山5)

この雑貨店で、東京で買い逃していたジューン・テイラーのジャムを買えたのがとても嬉しい。『**cue!(キュー)**』(徳島市昭和町7-1-2)

徳島で愛される豆天玉焼きを食べたくて行った店。ぼくには甘すぎたが癖になる味かも。『**はやしのお好焼**』(徳島市南内町1-30-1)

メニューには餃子と飲み物しか書かれていない。目の前で餃子を包む手元を眺めて出来上がりを待つ。『**ぎょうざ屋**』(徳島市紺屋町36-3に移転)

フランスの自然派ワインを扱う酒屋。金曜と土曜の夕方から角打ちもやっている。『**ワインショップ・タイ**』(徳島市蔵本町1-34-1に移転)

連れていきたいと言っていた神山町のピザ店は満席で予約できなかったそうだ。到着した日は、神山での夕食は諦めて、徳島市内に移動することになった。最初に寄った店『キュー』の店主が、ぼくらにつきあってくれることになり、とりあえずコーヒーを飲むことになった。向かいに中古レコード屋があって、引き寄せられるようにそこに入り、2枚ほど欲しかったものが見つかったので、つい買ってしまう。それから眉山《びざん》という低山のふもとにある餅屋に行った。兄妹が静かに焼いてくれる姿、その呼吸のあった作業に見とれ、中にあんこの入った薄い餅を頬張った。後日、「徳島で滝の焼餅を食べた」と徳島出身の知り合い数人に話したら、みな一様に「懐かしい」と言う。徳島っ子にとってはそういう存在なのだと知ったし、また食べにいきたいとも思う。

どこで聞いたのか、ぼくが自然派のワインが好きだからと、ワインショップにも連れていってくれた。いわゆる角打ちのできる店だというので、友人の持参したかまパンのパンとチーズを肴にして、何種類か飲ませてもらう。それから夜ごはんに行くことになり、とはいえ、美味しいパンをたっぷりと食べてしまった後だから、餃子専門の店にしようということになる。

何か予定通りにいかなかった時に、最初の計画がだめでも、その理由にはこだわらず、ではこうしたらどうだろうという新しい提案があり、それを否定せず、すぐに実行してみる。ぼくにはあまり馴染みのないやり方なのだけれど、こうやって進むことで、とても楽しい結果につながるのだと、この日は教えてもらったような気がする。

翌日、神山から徳島駅まで送ってもらう途中で買った阿波番茶が気に入って、東京に戻ってから毎日のように飲んでいる。独特の乳酸ぽさがある。そして最後にお好み焼き屋で食べた豆天玉の味を思い出す。お好み焼きに入っている豆が甘く煮た金時豆で、小エビの天ぷらも入っている。こちらは馴染めそうにない。

彼が目もくれない展望室からの眺め。こちらは瀬戸内海側である。もちろんここに限らず、窓から見える海の景色はきれいだ。

大鳴門橋の展望室で写真を撮る友人。施設の売りである渦潮が見られる時間は、あえて外す。**『渦の道』**（鳴門市鳴門町土佐泊浦字福池65）

橋と石庭とホール。

徳島からＪＲで高松に行ってすぐに、モダニズム建築に詳しいＫくんに連絡した。前に鳴門市にある公共建築をいくつか観にいきましょうと誘われて、彼の車で高松から鳴門へ行ったことがある。あの建物をあらためて観たいと思ったのだ。彼から「あの時に観た三つの建物のうち、ひとつは建て替えのために壊されていて、もうひとつは建て替えの準備中です」と返事があった。ただ、その時にいちばん印象的だった建物は大丈夫とのことだったので、鳴門まで連れていってくれないかとお願いした。「ならば、大鳴門橋も観にいきましょう。あと、もうひとつ観てもらいたい庭があります」と言う。そういえば瀬戸大橋はよく通るけれど、大鳴門橋の記憶はほとんどない。それは四国に来る時は、たいがい岡山まで新幹線を使い、そこから瀬戸大橋線に乗り換えて高松まで来るからだと気がついた。きっと、自分が車

『**阿波国分寺庭園**』(徳島市国府町矢野718-1)は国指定の名勝。安土桃山時代に築かれたと推定されている。豪快さに圧倒された。

友人が美しいと感じるのはこちら。大鳴門橋そのもの。鉄骨の組み方がたまらないらしい。長時間にわたり写真を撮っていた。

を運転する人間ならば、神戸から淡路島を通って徳島に入るルートを使うだろう。そんなわけで、ぼくは大鳴門橋を観るという彼の提案を、とても魅力的に思った。

翌日、彼の車で鳴門を目指す。まず連れていってくれたのは喫茶店だった。朝ごはんがまだだったから、モーニングサービスでも食べましょうということだ。ところでこの喫茶店の建物がとてもユニークだった。さすがKくんだ。かまぼこのような外観で、中に入ると列車のように細長く、まるで山小屋に居るような気分になる。ここで厚切りのトーストを食べてから、大鳴門橋に向かった。

「大鳴門橋が美しく見える場所へ」と言われて、どこかの海沿いから目の前に架けられた吊り橋を眺めるのだろうと想像していたが、彼はそんなポイントに気を留める様子もなく、どんどん橋に近づいていく。そして橋にいちばん近い駐車場に車を停めて、「ここから歩きましょう」と言った。つまり彼の考える大鳴門橋が美しく見える場所というのは、橋その

建物正面から見てもとても魅力的だった。もう一度行きたい。『**カナディアンコーヒーハウス**』（板野郡松茂町笹木野八北開拓193-3）

重森三玲は1940年にこの庭を訪れた際、青石が立っている様子に感銘を受け、それが作風のターニングポイントのひとつになったらしい。

ものを歩いていくということだったのだ。

大鳴門橋の完成は１９８５年だが、将来的に四国新幹線を通せるように二層式になっていて、道路の下の層は『渦の道』という歩行路になっている。そこから鳴門の渦潮もよく見えるのだという。大変なことになった。実はあまり高いところが得意ではない。橋は海面から45メートルの高さにある。ところどころ床の一部が透明になっていたが、下を覗く勇気は、少なくとも歩き始めてすぐには出てこなかった。「申し訳ありませんが、いまは渦が出ない時間です。そのほうが空いているんで」と彼は慣れた様子で先に進む。全長４５０メートルの歩行路の先に展望室があった。そこでKくんは海には目もくれず、前方、つまり橋を眺めては写真を撮る。彼にとってはこの橋から眺める景色よりも、構造物としての橋そのものに興味があって、それを美しいと感じているようである。ここまで来て、そういうことかと納得がいった。

彼が観てもらいたいと言っていた庭は、『阿波国分

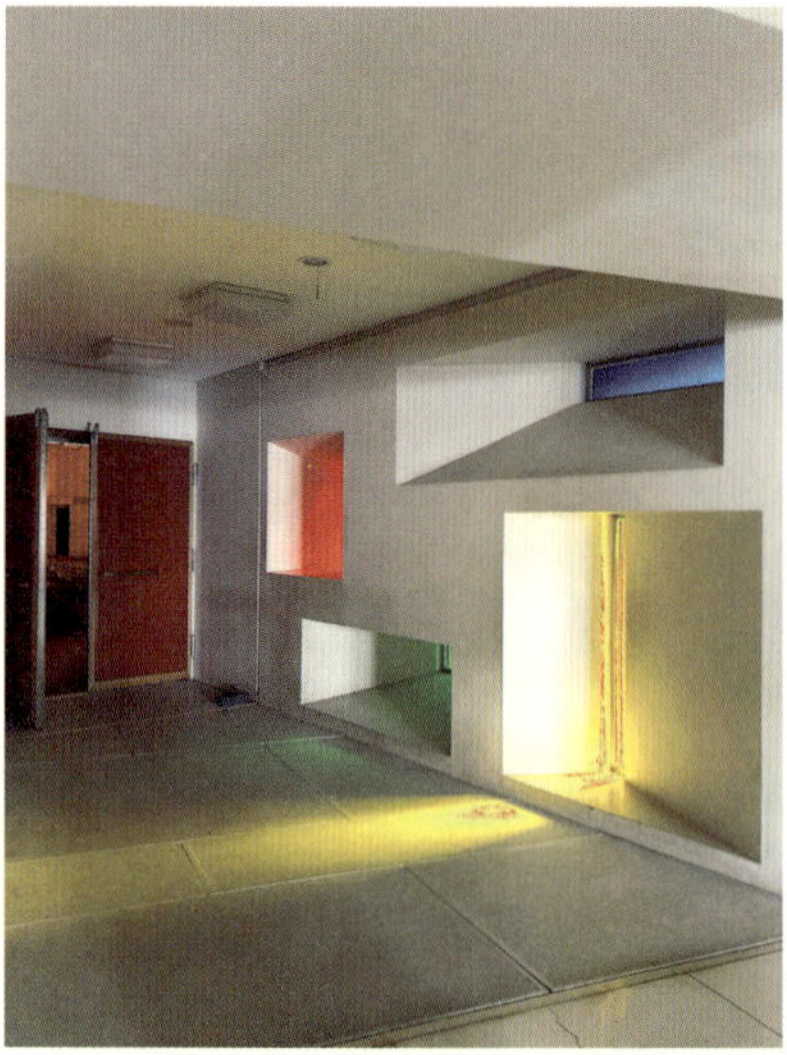

差し込む光が色ガラスを通して、ハッとするような効果を生み出している。このホールの入り口付近が素晴らしい。

向かって右側が**『鳴門市文化会館』**（鳴門市撫養町南浜字東浜24-7)。向かいにあるのは同じ設計者による鳴門市健康福祉交流センター。

寺庭園』といい、四国八十八箇所霊場の15番札所にあるものだった。この寺の庭が、青石を豪快に組んだ枯山水で、それはそれは圧巻だった。イサム・ノグチがパリのユネスコ本部の庭を設計するにあたり、作庭家の重森三玲《みれい》を訪ねたそうだが、その時に重森は自分が大きな影響を受けた庭を見せるために、一緒にここを訪れていたそうだ。この二人の芸術家を敬愛するぼくが、ここを気に入らないはずがないと、Kくんは案内してくれたのだった。

さて、そもそも鳴門に行きたいと彼にお願いした理由である建物は、増田友也（1914〜1981）という淡路島生まれの建築家が設計した鳴門市文化会館で、増田の遺作である。耐震改修などの理由で現在は休館中だが、存続させる方針だと聞いて安心した。許可をいただいて中に入らせてもらったが、採光の仕方なのか、ホールのホワイエというよりも教会のような雰囲気で、やはり自然と厳かな気持ちになる。

益子へ

濱田庄司の死後、使われることのなかった登り窯は、震災による半壊から再建され、2015年には40年ぶりに火を入れるイベントがあった。

益子の入り口。

はじめて栃木県の益子に行ったのは２００４年だったと思う。それ以前、ぼくは民芸に興味がなかった。民芸は自分より年上の人たちの趣味やブームだと考えていて、子供の頃からアメリカ文化にかぶれて育ったため、海外のデザインこそが自分の最大の興味になっていた。その過程で、チャールズ＆レイ・イームズという建築家・デザイナーを知り、彼らが１９５０年からつくり始めたプラスティックの椅子に夢中になり、彼らの住んでいた自邸の写真集を眺めているうちに、こけしや張り子のくじらなどがリビングの棚に飾られていることに気づいた。イームズ夫妻が、ぼくが古臭いと決めつけていた日本の民芸品を飾っていることに驚いて、彼らの分厚い作品集をあらためて細かく見ていったら、そこに日本人の肖像写真があった。チャールズ・イームズが撮影した陶芸家・濱田庄司だ。

濱田が蒐集した陶磁器や漆器など、自分を楽しませ自身の制作の糧になったものを、他の人にも参考にしてほしいと公開している。

濱田の名前は知ってはいたが、このことで興味が湧いていろいろ調べ始めた。民藝運動のこと、バーナード・リーチとともにイギリスのセントアイヴスで窯を築き作陶していたこと、日本に帰国してから益子に住み始めたことなどを知る。さらに益子には、彼が蒐集した世界各地の民芸品を展示する『益子参考館』という施設があり、濱田自身が使っていた轆《ろく》轤《ろ》や登り窯も保存されていて一般公開されているというのでそれから程なくして益子まで出かけたのだ。

参考館には何度か行った。濱田の好物だったという赤羽まんぢうも、行けば必ず買って帰るものになった。友人を連れていったこともある。最後に行ったのは２０１０年だ。そして２０１１年３月。東日本大震災によって、参考館の展示棟や登り窯が半壊し、展示品の多くも破損したため一部閉館された。その後、各方面の尽力によって、２０１３年３月に再開したが、ぼくは再開した益子参考館を見ていなかったのだ。

益子と益子焼を知っている人の大半は、年齢にもよるが、益子といえば濱田庄司と答えるだろう。でも、濱田は神奈川県の川崎の生まれで、イギリスから帰国した時に、自分の仕事の場として益子を選んで、移住したのは１９２４年である。濱田が住む前も、益子は焼き物の産地だったが、濱田のような個人として表現する、いわゆる作家はいなかった。彼に憧れる若い作家志望の陶芸家が、益子以外から集まり始めた。益子が陶芸の町として知られていく、そのキーパーソンが彼だったのだと思う。

およそ10年ぶりに訪れた参考館は、広い敷地に移築された民家や長屋門などが点在する様子も変わらず、被害の大きかったという大谷石で造られた展示棟もき

本棚の下の段の写真。濱田がイームズに会った後に手に入れた、ラウンジチェアを上ん台の縁側に置き、座ってくつろいでいる姿。

赤羽まんぢうは黒糖味。濱田の好物で、濱田窯の小皿にぴったりおさまる。**『赤羽まんぢう本舗』**（芳賀郡益子町益子2910-2）

上ん台の休憩室。建物は、移築された価値ある古い大きな庄屋建築である。**『濱田庄司記念益子参考館』**（芳賀郡益子町益子3388）

れいになっていた。そして登り窯は、素人である自分の目には、いったいどこが壊れてしまったのだろうと首を傾げるほど、前に見た時と変わっていない。濱田がもっとも気に入っていたと伝えられる「上ん台」と呼ばれる建物で、コーヒーを飲んでいくというのが、かつてここに来たら必ずやっていたことのひとつだったが、今回は時間に余裕がなかったので諦めた。

帰りに入り口横にあるミュージアム・ショップで、濱田が赤羽まんぢうをのせるためにつくったという小皿を買おうと思った。本棚に古い写真をパネルにしたものが飾られていた。濱田が上ん台の縁側で椅子に座ってくつろぐ様子が写っている。濱田が座っている椅子は、イームズの代表作であるラウンジチェアだ。そういえば、前に来た時、上ん台の縁側に、濱田愛用のイームズ・ラウンジチェアがこの写真とともに展示されていたことを思い出す。その時ぼくは、濱田はこの椅子に座って、赤羽まんぢうを食べただろうかと想像して笑ったのだった。

濱田が制作をしていた工房。濱田は蹴轆轤ではなく手轆轤を使っていたそうだ。
奥に見える出入り口の向こうに、登り窯がある。

高山さんの益子。

濱田庄司の蒐集品を観ることだけが目的だったぼくの益子行きも、益子在住の木工作家、高山英樹さんと知り合ってからはずいぶんと変わり、行きたい場所がすごく増えてきた。

それ以前にも会ったことはあるが、ぼくの記憶に残っている高山さんとの最初の出会いは、益子ではなくサンフランシスコだったと言うべきだろう。2013年の6月。高山さんは奥様の純子さんと一人息子の源樹《げんき》くんと一緒だった。この時に、ぼくは高山さんという人物を認識し、そして源樹くんのことが強く印象に残った。たしか源樹くんは、まだ高校生だったはずだ。はじめて会うアメリカ人たちに臆することなく、それこそ〝元気〟よく積極的に話しかけていた。

網走から別海《べつかい》を経由して根室に行った時にも、高山さん一家と一緒になった。あと、源樹くんが20歳になった年に、高山さんの益子の家に行ったこともあった。その時、源樹くんはつくば市からワインを持って自転車で家に戻ってきて、「20歳の頃の自分に、いま何て言ってやりたいですか？」と、ぼくに訊いた。20歳の源樹くんではなく、20歳の頃のぼくにという質問の仕方に感心したのを憶えている。それから源樹くんはイタリアで暮らすようになった。一時帰国している時に、また高山さんのお宅で話したこともある。なんだか源樹くんの話ばかりになっているが、彼の真っ直ぐな考え方と行動力、益子という土地への思いなどから、彼を育てた高山さんと純子さんの人柄が伝わってくる。

高山さんは能登出身だ。つまり移住者である。でも、益子の歴史や風土や人物についてとてもよく知っていて、彼の話を聴いていると、この町の魅力というものが何なのかがわかってくる。地元の人と移住者の関係も心地よい。だからきっと、高山さんに教えてもらった店なども、いっぺんで気に入ることになるのだ。

高山英樹さん。家族は三人。建物の基礎は自分で、プリファブを組むのは専門業者が。最初は中でキャンピングセットを使う生活だった。

水が入る前の水田。その向こうに低い山。そして山のふもとに建つ高山家。風景は典型的な里山だが、建物はプリファブでユニーク。

例えば「ここにはぜひ連れてきたかった」と言われて入ったレコード店。益子でレコードを探す気はないと思っていたのだが、そこに置いてあったレコードやCDやカセットテープのすべては、ぼくがまったく見たことのないものばかりだったのでびっくりした。自分がこれまで興味を示さなかったジャンルの音楽ばかり。その種の音楽を愛好する人たちには有名な店なのだそうだ。自分には取っつきにくい店が、逆に面白くて、これはどんな音楽なのかと質問すると、丁寧に説明してくれて、試聴させてくれる。その対応も良かった。そうやって買い物をするぼくを、高山さんはベンチに座りながら楽しそうに見ていた。店に置かれたユニークな形のこのベンチは、高山さんの作品である。店の外に出るなり、「どうでした？」と感想を訊かれた。こうしてぼくは、自分の知らないものを買う楽しさをも教えてもらった。

夕方に高山さんの家に戻り、純子さんが食事の支度をする間、家の周りを散歩した。篠竹が密生する裏山に、前の持ち主が使っていたと思われる道があ

高山さんのアトリエ。高山さんの作品は古材を使ってつくられる。壁に貼られたポスターに写っている水差しは成井恒雄の作品。

柱を使わずに組める最大幅が5間（およそ9メートル）だったので、家の床は5間×5間の正方形。家族みんなで家としてつくり上げた。

ることを発見して、そこを歩けるようにしたのだという。高山家の前の水田の向こうに耕作放棄地があったので、その持ち主を探して譲ってもらった。そこは、イタリアから戻ってきた源樹くんが、葡萄園にしたいのだそうだ。葡萄を植えるのは、おそらく来年になるだろう。そこから順調に育ったとして、最初の収穫は３年後だ。その葡萄をワインにするにはさらに１年以上。イタリアで知った魅力的なワインメーカーの製法に感激し、そのような造り方を益子でやってみたいというのが源樹くんの夢だ。いや、夢と言うのは失礼だ。小学校の同級生や近所の人たちの力を借り、丹念に調べ、着実にひとつずつ実現しているのだから。

　翌日、東京に戻る前に、高山さんに教えてもらった加守田《かもた》章二（１９３３～１９８３）と成井恒雄（１９３９～２０１２）という二人の陶芸家の作品展を観た。もちろん、どちらも素晴らしかった。こうして、ぼくはまた新しい益子の魅力を知るのである。

益子へ

高山さん作のベンチ。「益子陶芸村」内にあるレコード店『**Art into Life**』（芳賀郡益子町益子3435-1）にて。

篠竹を刈り取って歩けるようにした道。奥には田んぼだったと思われる場所もあり、夕日の中、昔日の益子を想ってみた。

古道具と古本の店『**内町工場**』（芳賀郡益子町益子897）。道を挟んだ斜め向かいが『赤羽まんぢう本舗』という、ぼくには絶好のロケーション。

大谷石でできた蔵を改装した、家具や陶器、洋服などを売る店。『**pejite（ペジテ）**』（芳賀郡益子町益子973-6）。ここも高山さんに教えてもらった。

ハンガリーと益子。

『ワグナー・ナンドール　アートギャラリー』は、高山さんが、「面白い個人美術館がある」と言って連れていってくれた場所だ。益子町の中心部からそれほど離れていない、小高い丘の中腹にある。駐車場に車を停めるために、前を通り過ぎた時、聖徳太子の立像と「道《タオ》」と書かれた看板が目に入り、ギャラリーというよりは、何か新興宗教に関わる建物かと思った。ハンガリーから益子に移住してきた彫刻家の作品を観せる展示室だけでなく、アトリエや茶室などがあり、設計も作家自身によるものだし、ほとんどを妻と二人でつくったのだと高山さんは言っていたが、そこから想像したものと、目の前にあるものはすぐに繋がらない感じがした。

このギャラリーは春と秋のそれぞれ数日間しか公開されておらず、その日は閉まっていた。敷地は道路側から奥に向かって下りの傾斜地らしく、塀の上から覗いても全体像はちょっとわからない。でも、高山さんがギャラリーに事前に連絡をしてくれていて、「どうぞ庭園をご覧下さい」とのことだったそうだ。

ぼくは敷地内に点在するワグナー・ナンドールの彫刻よりも、敷地の傾斜を利用した建物群に惹かれた。でも、太陽光がガラスに反射して眩しい建物の中を覗くのが難しかった。そんな状態で見ただけだったが、これは公開されている時期に出直したほうがいいと思うほど魅力的だった。

それから1カ月待って、あらためて公開時のギャラリーを訪れた。まず、アトリエ。傾斜地に建っているので、中に入って階段を下りていく。天井高が7〜8メートルはありそうな、ワグナー・ナンドールがいまも制作を続けているのかと思わせるような、迫力のある広い空間だった。隣は「学生寮」と呼ばれる建物で、彫刻を学ぶ人たちが寝泊まりできるよ

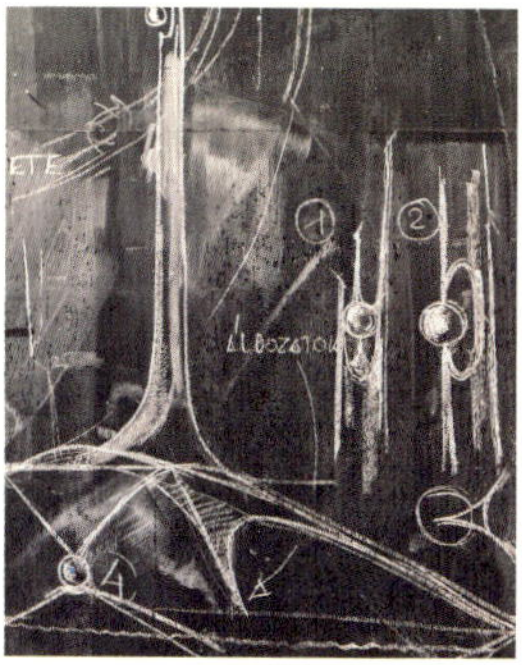

壁の黒板に描かれたデッサン。力強い。アトリエは、ワグナーが益子のこの場所に住むと決めて、自ら設計し、最初に建てた。

アトリエ内部。いままさにアトリエの主が作品を制作中というような雰囲気が漂う部屋だ。ワグナーの生涯がわかるビデオを観られる。

『ワグナー・ナンドール　アートギャラリー』（芳賀郡益子町益子4338）。http://www.wagnernandor.jpで確認を。

地窓の外の庭には、ワグナーの作品が置かれていた。石の球だと思っていたものは、母親が子供を抱きしめている彫刻だった。

茶室の隣のモダンな意匠の部屋。内側から入り口を撮った。入り口の向こうに小さく見えるのは茶室の地窓だ。

茶室の内部。ワグナーは、ハンガリーに住んでいた子供の頃から、英訳された新渡戸稲造の『武士道』を読むなど日本文化に共鳴していた。

展示室2階。ヤーリッチ・エルヌー作「スイス帽をかぶったナンドル」。若き日のワグナーの肖像のようである。

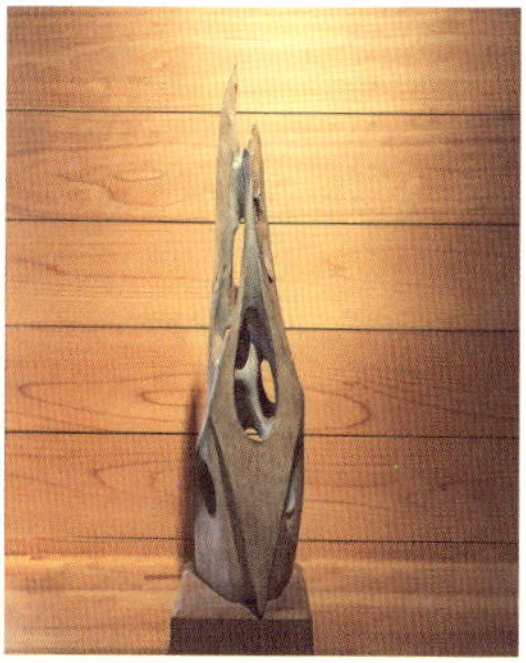

展示室2階。真岡線益子駅前の広場にあるモニュメント「アローム・夢」の構想段階の作品。次回は鉄道で行って、モニュメントを観たい。

展示室1階。世代を超えて支持されるハンガリーの代表的詩人のひとり、ヨーゼフ・アッティラの像。

うになっている。三畳くらいの狭い和室がいくつか。でも窓から見える緑のせいか、狭さは感じさせない。そして、最初に高山さんの話を聞いた時からいちばん見たかった茶室に入る。

玄関から入り、左側に茶室がある。入り口の正面の壁に地窓があって、そこから石の球が見える。右側にも部屋がある。そちらは壁や天井の一部を黒く塗り、部屋の入り口は壁の白い円の中心にくるようにしてある素晴らしい空間だ。表に出ると、茶室の窓から見えていた球は、ワグナー・ナンドールの彫刻だった。隣の建物は2階建ての展示室で、屋外に設置された作品のマケット（模型）なども展示されていて面白い。ワグナー・ナンドールとはどんな人物なのか。自分にとっての大方の謎は解けた。

ワグナー・ナンドールはハンガリー出身の彫刻家で哲学者だ。ハンガリーは第二次世界大戦後もソ連の占領下におかれ、その後はソ連の衛星国のようになっていた。そして１９５６年に、反政府組織を中心にハンガリー動乱が起きる。ワグナーはこの反政府組織の指導者のひとりだった。動乱はソ連軍に鎮圧されて、ワグナーはスウェーデンに亡命し、そこで美術を学びに来ていた日本人女性と知り合って、やがて結婚し、１９７０年から益子に住むようになった。その後、日本に帰化して、亡くなる１９９７年までここに住んだ。

ギャラリーからの帰り道、高山さんに「でも、二人はどうして益子を選んだんでしょうね」と話しかけた。ワグナーの妻のちよは北海道出身で、益子に縁がある人ではなかったのだ。「たしかに」と高山さんは言ったが、その答えはなかった。

東京に戻って数日したら高山さんから連絡があった。「益子町が年に2回発行していた『ミチカケ』という冊子にワグナーさんの奥さんのインタビューが載っていました」とのこと。数日後にその冊子が届いて最後の謎も解けた。でも、それにしても、外からここに移り住もうとする人たちを受け入れる益子の気風は、いったいどのようにしてできていったのだろう。

別府へ

鉄輪地区を歩いた時に見つけた温泉。こういうところにふらっと入っていき、湯に浸かる自分の姿を思い浮かべた旅だったはずだが。

温泉旅の魅力？

ぼくには温泉の良さがわからない。そう言うとたいていの人は驚く。「どうしてですか？」と必ず質問されるのは、そんな人がいるなんてという前提があるからではないかと感じるが、繰り返すが、ぼくは温泉に興味がないのだ。でもある日、年齢も年齢だし、そろそろ温泉好きになりたいと思った。だから別府に行くことにした。

別府に行くつもりだと友人に話したら、別府と言われるとこの本のことを思い出しますと、『ハロー風景 お湯』(hellofukei.com) を紹介された。不思議なタイトルだなと思い、取り寄せてみたら、文章を書いているのが古い知り合いだった。出会った時のSくんはまだ20代だったから、いまは40歳くらいだろうか。バリバリに尖っていたSくんが、温泉について書いていることも驚きだったけれど、短いいくつかの文章にはすべて、彼の自作の俳句がついているのだ。彼が温泉地である別府で感じたことを綴った文章はとても魅力的で、ぼくもこんなことを考えながら別府を歩くのかもしれないと思ったら、旅がいよいよ楽しみになった。

日田で映画館を営む友人を誘った。もちろん彼は無類の温泉好きである。宿は『山田別荘』というところに決めていたが、ここも彼の知り合いがやっているとのことだった。だから、チェックインの際に、自分が温泉に興味がないことを話し、別府に来たことで変わるのかもしれないと期待していると伝えた。女将と友人は笑った。

到着した日は別府がどういう町なのかを知りたくて、ぶらぶらと歩くことにした。「別府って何かイメージがありますか？」と訊かれて、あちこちから蒸気が噴き出している感じかなと答えると、それはたぶん鉄輪温泉のあたりですねと、連れていってくれ

おそれいりますが
切手を
貼ってください

101-0047

東京都千代田区内神田1-13-1-3階

暮しの手帖社 行

書名　また旅2	
ご住所　〒　　　ー 電話　　ー　　ー	
お名前	年齢　　歳 性別　女 ／ 男
メールアドレス	ご職業

アンケートにご協力ください

本書をどちらで購入されましたか。

・書店（　　　　　　　　　　　　　　　　　　　　）
・インターネット書店（　　　　　　　　　　　　　）
・その他（　　　　　　　　　　　　　　　　　　　）

本書の感想をお聞かせください。
（小社出版物などで紹介させていただく場合がございます）

雑誌『暮しの手帖』はお読みになっていますか。

・いつも読んでいる　・ときどき読む　・読んでいない

今後、読んでみたいテーマは何ですか。

ご協力ありがとうございました。
ご記入いただいた個人情報は、厳重に管理し、小社からのお知らせやお問い合わせの際のご連絡等の目的以外には一切使用いたしません。

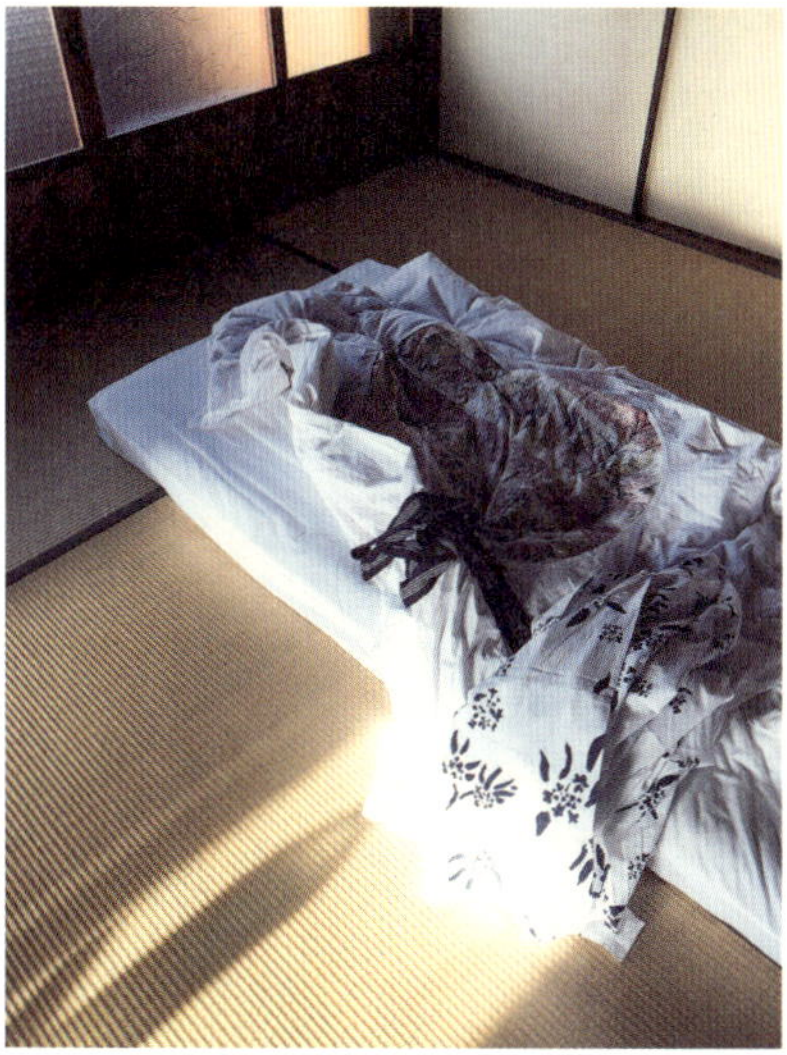

山田別荘は昭和５年に保養別荘として建てられたもの。起きてすぐに部屋に注ぎ込む朝陽の美しさに見とれながら、自分でいれた茶を飲む。

到着した翌日の朝、宿の内風呂に入っただけで、別府の湯に浸かりたい欲はもう満たされてしまった。**『山田別荘』**（別府市北浜3-2-18）

た。ただ、そこはぼくが考える、あるいは体験したことのある温泉町とは違っていた。観光客のために用意されたものだけではない、地元の人たちが当たり前のようにいつも温泉に浸かっているのだと思わせる施設があちこちに見受けられた。つまり、暮らしの一要素（もしくは基盤）としての温泉というムードだったのだ。

　この日は散策の後、そのまま飲み歩いたので、宿に戻ってすぐに寝た。宿には露天風呂と内風呂があって、時間を決めて頼んでおけば貸し切りになる。翌朝、貸し切りの露天風呂に入る。なんの感慨もわかない。内風呂に移り、思う存分、髪も身体も洗ったらそれだけで満足した。泉質を味わおうにも、それの何が楽しいのかという気分になるだけだったから、露天風呂に戻ることはしなかった。

　Sくんの書いた本に高浜虚子の句が引用されていて、その句も、そこに書かれたSくんの文章と句もとても良かったから、虚子の句集も持っていこうと思い鞄に入れてきたつもりだったのだが、朝食の時

宿の近くにある『春日温泉』。正面は公民館の受付で、湯の入り口は建物右の路地にあった。公民館と共同湯が一緒。別府のスタイル。

虚子の句集を読みながらという朝食は失敗に終わる。かわりに部屋に置かれていた朝刊や温泉ガイドや別府案内などを読む。

に取り出してみたら、一緒に買った正岡子規の句集だった。

Sくんが本に書いていたのは「春日湯」という温泉だ。おそらく宿ではなく、地元の人たちが日常的に入る温泉なのだろう。宿の近所に『春日温泉』という施設があった。ここかもしれない。そこに入ったら、ぼくの温泉観も変わるかもしれない。でも、宿の女将が教えてくれた「地元の人は熱い湯が好きで、中には45度くらいのところもある」という話を思い出し、そんな熱い湯だったらどうしようかとか、地元の人に水を足してもいいですかと尋ねることさえ自分はしないのだろうなとか、温泉の入り口でいろいろ考えているうちに面倒になってしまい、結局は入らなかった。

Sくんが引用していた虚子の句は「湯に入りて春の日余りありにけり」というものだった。そこには人生観のようなものまで表されている。ぼくは、まだまだその境地に達しそうもない。

駅から少し歩くと、ビルの外壁に岡本太郎の作品があった。「緑の太陽」(1969年)という陶板レリーフ。(別府市田の湯町14)

別府市には源泉が2000カ所以上あり、日本全国のすべての源泉数の1割近くを占めているという。さすが日本一の温泉地だ。

別府駅前にある油屋熊八の像。熊八は別府を有名な温泉地にした功績者である。台座には「山は富士　海は瀬戸内　湯は別府」とあった。

何人かから推薦された居酒屋『**チョロ松**』(別府市北浜1-4)の名物「かも吸い」。ちゃんぽん麺が入った「そば入り」もあった。

鉄輪地区で見かけた風景。「地獄」という解説の板が貼り付けられていた。地獄とは、噴気と温泉が同時に出る泉源のことだそうだ。

自らも日田の映画館主である友人が教えてくれた『**別府ブルーバード劇場**』(別府市北浜1-2-12)は、1949年に創業された映画館。

大正5年創業のパン屋さん『**友永パン屋**』(別府市千代町2-29)。迷った末に「ワンちゃん」というパンを買わなかったことが悔やまれる。

宿の女将から薦められた餃子店『**小厨房 香凜**』(別府市元町10-1)。餃子の餡に応じて焼いたり蒸したり。麻婆豆腐も美味しかった。

チョロ松から宿に戻る帰り道、商店街の入り口で見つけたジェラートの店『**冷乳果工房ジェノバ**』(別府市北浜1-10-5)。酔い醒ましに。

別府タワーにて。

友人に「高いところから別府の町を眺めたい」と言ったら、十文字原《じゅうもんじばる》展望台というところに連れていってくれた。正面に別府湾が広がる。その向こうに霞んでいるのが四国らしい。佐田岬のあたりだろうか。すぐ近くの山の中腹に遊園地のようなものが見えた。あそこにも行ってみたいとワガママを言ってしまう。『別府ラクテンチ』という施設らしかった。

入り口からケーブルカーに乗って入園する。急勾配を登るケーブルカーの最後尾から、別府の町を見た。入り口から真っ直ぐな道が湾まで続いていた。だが、観覧車やジェットコースターに乗ってみることもせず、またすぐに麓に下りた。素晴らしい眺めを満喫できたから、ぼくにとってはそれで充分だった。

そういえば、宿の部屋の縁側から見えている塔も気になる。『別府タワー』というのだそうだ。友人に

宿の窓からも見えるし、外に出ても目に入る塔があった。建ってから年月を経ているように見える。上ってみたいと思った。

『別府ラクテンチ』（別府市流川通り18）は1929年の開園。入園者の入浴できる温泉「絶景の湯」があるのは、さすが別府の施設。

展望台に行ったことがあるか尋ねたら、ないと言う。じゃあ行ってみようということになる。

この塔が視界に入るたび、何かに似ていると思っていたのだが、それは大阪の通天閣だった。札幌テレビ塔や名古屋のテレビ塔、そして東京タワーなどを設計した建築構造学者の内藤多仲《たちゅう》の手がけたもので、つまりは通天閣と同じ人物による塔だったのだ。

展望台で、別府の町を見渡しながら、友人が「温泉はどうでしたか？」と笑いながら訊いてくる。温泉の効用というか楽しみ方に目覚めるようなことはなかったけれど、自分はすごく和んでいるというか、気持ちが潤っていると答えた。この後も繰り返し別府には来るだろうという予感があるし、そうすればぼくもこの町ともっと打ち解けられるだろう。町の人と温泉の関係を知ることになって、そうしたら温泉も素晴らしいと思うことだろう。

『別府タワー』（別府市北浜3-10-2）は1957年に完成。展望台に置かれた椅子に座り、日田から来てくれた友人と話し込む。

そして大分市へ。

高いところから町を眺めたいと思ったそもそものきっかけは、車で別府市内に入り、すぐに見かけた建物に目を奪われたからだ。それは、別府国際コンベンションセンター『ビーコンプラザ』に隣接した、『グローバルタワー』という名前の125メートルのタワーで、磯崎新《あらた》の設計したものだった。当然のように、ここにも上ろうということになる。展望デッキは地上100メートルに位置し、ガラスの箱のようになっていて、絶景を楽しみつつも、なんだか身体がふわふわと揺れているような感覚になる、ちょっと足の竦む体験だった。ここからも別府湾が一望できるし、別府タワーも見える。海に向かって右手に大きな港なのか、コンビナートなのかが見えるので、友人にあれはどこなのか質問すると、大分市だと言う。大分と別府はこんなに近いのかと驚く。車で30分くらいらしい。ならば、大分に行こう。

考えてみれば、磯崎新は大分市の出身で、九州には彼の設計した傑作がいくつかある。ぼくがいちばん観たかったのは、『大分県立大分図書館』だ。この図書館は1966年に竣工し、1994年に閉館してしまったが、改装されて『アートプラザ』となり、いまは「磯崎新 環境と空間」という常設展示をしているはずである。

常設展示は、この建築家のスケールの巨大さを思い知らされるような内容で、しかも建物自体が磯崎の設計だからこそ、展示室から展示室への移動さえも驚きの連続だった。ぼくが難解な建築家・磯崎に興味を抱いたのは『磯崎新の「都庁」』(平松剛《つよし》著)という本を読んでからなのだが、その磯崎設計による幻の都庁（コンペで丹下健三に敗れる）の模型が展示されていて、それを観られたのはこの上ない幸せだった。温泉のことはすっかり忘れている。

『**B-Con Plaza グローバルタワー**』（別府市山の手町12-1）の竣工は1995年。ビーコンは別府コンベンションの略だそうだ。

グローバルタワー展望デッキからの眺め。ここであらためて右隣が
大分市であることを教えてもらい、さらに磯崎作品に触れる。

別府へ

2023年3月末まで開催予定の常設展「磯崎新 環境と空間」を観る。長いスロープがこちらの期待をどんどん高める。

別府から大分市に移動し、念願の『**アートプラザ**』(大分市荷揚町3-31)へ。磯崎新の建築理念を学ぶのに最適な場所だと思った。

3階には図書コーナーがあるが、現在はコロナの影響で、閲覧できないのが残念だった。なんとなく磯崎新のポートレートに黙礼。

2階の「60's ホール」。宮脇愛子、靉嘔(あいおう)、吉村益信らのアート作品が並ぶ。右手の奥にも広い展示スペースがあった。

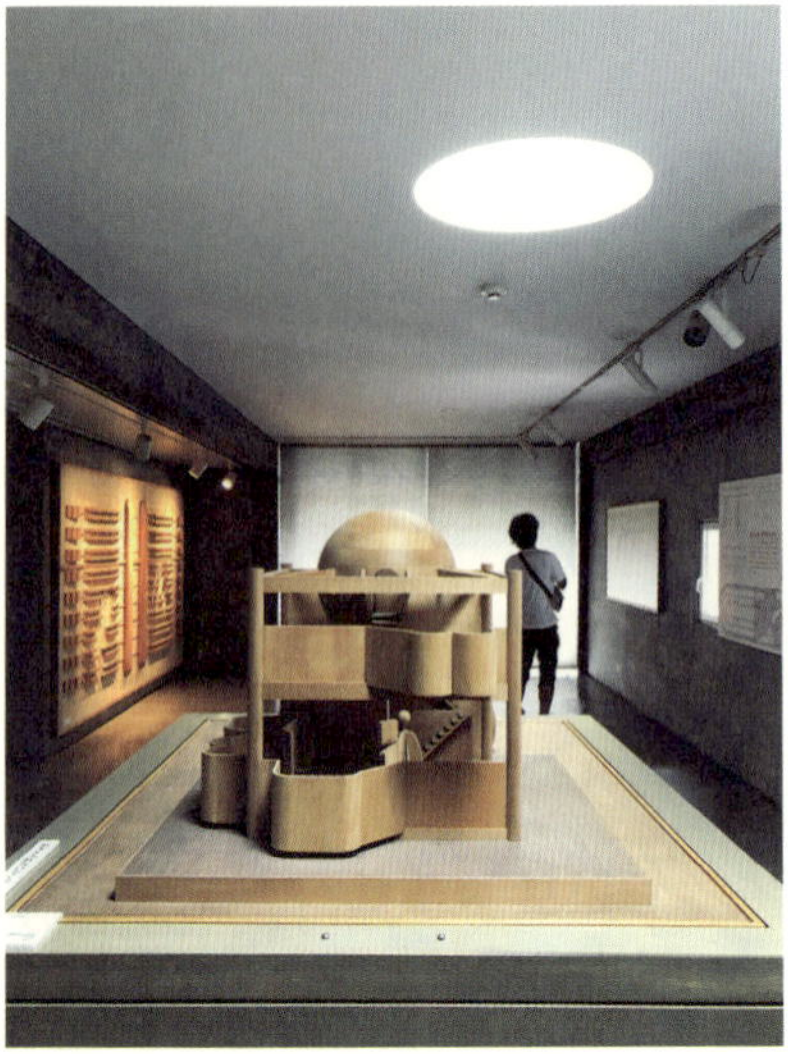

A邸（レスポンシヴ・ハウス）の模型。レスポンシヴ・ハウスについての説明を読んでも、ぼくには理解できないことが多すぎた。

ニューヨークのディスコ『パラディアム』の模型。1927年に建てられた劇場を改装してディスコにした施設。磯崎が内装を担当。

吹き抜け部分を貫く渡り廊下。下の空間を眺めたり、天井の明かり取りを眺めたり、展示だけでなく会場設計そのものにも目を奪われる。

1985年、東京都庁の新庁舎コンペに磯崎が提出した、高層ビルではない新庁舎。その模型が観られるとは思っていなかった。

志《し》布《ぶ》志《し》へ

志布志に行くきっかけをくれたのはこの店だ。
『ミールス アンド グラインド ドライブ イン』
（志布志市志布志町帖7055）

県境って何だ？

志布志という町の名を知ったのは、鹿児島市内にあった『トピア』という店が移転すると聞いた時だった。その移転先がご主人の郷里の志布志だったのである。志布志は宮崎県との県境にある町で、鹿児島県の大隅半島の付け根に位置する。

トピアはビルの地下にあった。カレーがとても美味しかった。移転してからしばらくして、トピアの噂をときどき耳にするようになった頃、友人が志布志に誘ってくれた。ただ、その時の誘い文句は「カレーを食べに行きましょう」ではなく、「志布志の奇祭を見に行きましょう」というものだった。

奇祭というのは、志布志にある安楽山宮《あんらく》神社と安《やす》楽《ら》神社というふたつの神社で毎年2月に催される、その年の豊作を祈願する春祭りのことだった。２０１6年に東京の銀座で催されたフランス人の写真家シャルル・フレジェの写真展が、日本の祭事に登場する仮面神や妖怪の扮装をした人々を撮るポートレートのシリーズで、ぼくはここで、鹿児島県で撮影されたものを数多く発見し、鹿児島の友人たちに面白いから見るべきだと吹聴していたのだが、後にまとめられた『YOKAI NO SHIMA』という写真集にも収められている「田の神夫妻」が、この志布志の春祭りの神様なのだそうだ。それを見に行こうという誘いである。

シャルル・フレジェが志布志の田の神夫妻のことをよく憶えている理由が、自然に伝わってくるような祭りだった。踊りの奉納もあって、それを田の神夫妻が見るのだが、その前に今年は豊作かどうかの問答があり、田の神はしこたま焼酎を飲まされているので足元がふらふらしていた。そこには厳粛な雰囲気はそれほど感じられず、問答の間も、その後のへべれけになった田の神の動きも、なにかとてもおおらかで、みんなが声を出して笑うという楽しいものだった。

この時に、移転したトピアでカレーを食べてもい

隣の雑貨店『**生活道具デシリットル**』は、同じ建物なので、そのまま入っていける。メキシコのブリキ製の骸骨を買った。

鹿児島で食べていた頃のカレーよりもずうっと本格的になっていて、驚いてしまった。デザートも美味しそうだったが、満腹のため諦める。

るはずだが、残念ながらまったく記憶に残っていない。もちろん新しい店や味が気に入らなかったということではなく、鹿児島市への帰り道にグーグルマップが示すとおりに峠に入ったら、途中から前がまったく見えないほどの濃い霧につつまれてしまい、はじめての急峻《きゅうしゅん》な狭い山道で身の危険を感じ、その恐怖体験によって、カレーの記憶がすっかり吹き飛んでしまったからだ。

あれから4年ほど経っている。あらためてトピアを再訪することになった。そうそう、トピアは志布志移転と同時に店名を『meals and grind drive inn』と変えているのだった。鹿児島市から車で3時間くらいかかっただろうか。ドライブインは国道448号線に面した細長い2階建ての建物の1階にあり、隣は『デシリットル』という雑貨店だ。他にも行きたいところがあったので、夕方にあらためてくる旨を伝えて、友人とぼくの分のカレーを取っておいてくださいとご主人にお願いした。

ドライブインの近くの海岸沿いに遊園地のような

田の神問答は、田の神の夫妻を迎え、焼酎を振る舞いながら豊作を祈願する行事。田の神夫妻は黒い頭巾で顔を隠している。

このページの２枚の写真は2018年２月の春祭りで撮影したもの。境内を田に見立てて稲穂に似せた竹串を刺す「お田植」行事。

ところがあったよねと、運転をしてくれている友人に尋ねると、「ああ、ダグリ岬ですね」と言うが早いか連れていってくれた。入場券を買って中に入る。友人が「観覧車に乗りましょうか」と言う。実はこれまで観覧車に乗った経験がない。「はじめての観覧車の相手がぼくですみません」と笑いながら言う彼の後について、小さくて旧式の観覧車に乗った。

　観覧車が上に向かってゆっくり動く。両側に海が見える。左側は志布志港、右側はダグリ岬海水浴場だという。「そのまま海岸線を走ると大黒《だいこく》リゾートホテルですね」と彼が説明してくれる。志布志に行ったことのない別の友人が、「志布志といえば、子供の頃にテレビで流れていた大黒ホテルのコマーシャルくらいしか、頭に浮かぶものがありません」と言っていたことを思い出す。大黒リゾートホテルの先には大黒イルカランドという施設があって、その間が鹿児島と宮崎の県境らしい。

　前に彼が連れていってくれた、海水浴場の近くの食堂とカフェに行きたいと思っていたのだが、それ

2021年が開園40周年。レトロな遊具がどれも楽しそうだ。
『ダグリ岬遊園地』（志布志市志布志町夏井211-2）

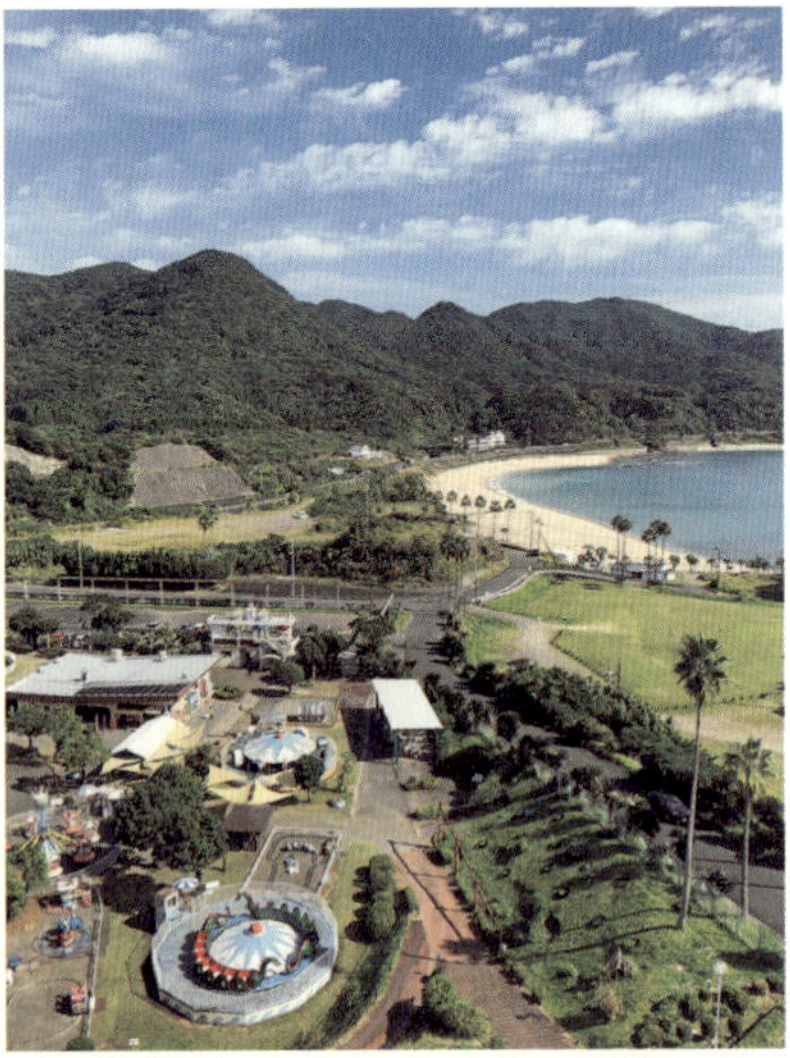

観覧車から見たダグリ岬海水浴場。海岸沿いの国道を少し行けば宮崎県の串間市になる。近くに関所だった「夏井番所跡」がある。

らはイルカランドの少し先で、2軒とも住所は宮崎県の串間市なのである。「ダグリ岬って、ずいぶん変わった地名だけど、由来を知ってる?」と質問したが、彼は知らなかった。それで調べてみたら、ダグリとは、「荷駄繰り」という制度が語源だった。このあたりはもともと夏井という地区で、藩政時代は高鍋藩と薩摩藩との関所が置かれていた。高鍋藩から薩摩藩に入るには、荷物を下ろし、薩摩藩の馬に積み替える荷駄繰り制度が採用されていたのである。

そういえば、ぼくは北海道で生まれ育ったので、廃藩置県の時代より前についての想像力に欠けていると、国内のあちこちを訪ね歩いていて思うことが、これまでも何度かあった。たとえば静岡県に行っても、静岡市と浜松市とは同じ県なのに、人々の気風も食文化も違うものだと感想を言うと、もともとは別の藩でしたからねと教えられて、なるほどと思ったりするのである。山形県もそうだった。山形市のある村山地域と庄内地域は文化が違う。そういえばアメリカでも、カリフォルニア州から車でアリゾナ州に入る時に、検問があり、パスポートを見せたことも思い出す。

ダグリ岬から右手に海を見ながら車で走る。走りだしてすぐに、運転する友人が、もうすぐ宮崎県ですと言った。もちろん関所もないし、検問所があるわけでもない。ぼくらは県境を気軽にひょいと越えて、別の県をすでに走っていた。でも走っているのは同じ道の続きだし、右側に見えている美しい海は、ずうっと同じ太平洋だ。

串間で馬を見る。

高松海水浴場はイルカランドのすぐ先である。夏に連れてきてもらった時に食べた昼ごはんがとても美味しかったので、同じ店に行きたいと友人にお願いした。ならば、そこからちょっと先のほうに、彼の友人夫妻が営むカフェがあるので、食後はそこでパフェを食べましょうということになる。

鯛の塩焼きと鯛の刺身、そして鯛の南蛮漬けと鯛のアラの味噌汁というこの日の魚定食は、とても食べ応えがあって、すぐにパフェという気分にはならなかった。友人はそうなるだろうと予想していたのか、カフェにはもう少し後で行くと連絡していたようだ。パフェより先に馬を見に行きましょうと言う。カフェに続く曲がり角を通り過ぎて、そのまま小1時間ほど進むと、都井《とい》岬というところだった。都井岬は、宮崎が新婚旅行の定番だった時代、日南《にちなん》海岸を南下して最後に目指す場所だったらしい。

『シー・ビスケット・パーラー』（串間市高松864）のパフェ。ネットでの完全予約制の店。（http://seabiscuit.me）。

『海の家 浜っ子母ちゃん』の浜っ子定食。海水浴のシーズン以外でも営業している貴重な店。

太平洋に突き出た都井岬には、日本在来種の馬（御《み》崎馬《さきうま》）がいる。岬の入り口に「駒止の門」があって、そこから先はいわば牧場のようなもので、馬が放し飼いにされている。不用意に近づくと蹴られそうだ。

門で馬の保護のための協力金を払ってしばらく進むと、海を見下ろす広場に出た。馬が何頭か草を食んでいる。車を停めて、しばらく遠巻きに馬や水平線を眺める。この広場の先には都井岬灯台があるというので、そこも行ってみた。

帰り道、後回しにしたカフェに寄ってパフェをいただく。カフェの裏庭を進み、藪の間のトンネルのようになった道を行くと海に出る。海岸には他に人は見当たらない。まるでプライベートビーチのようだった。ダグリ岬からずうっと海ばかり見ている。あらためて、地球は水の惑星なのだなぁと、柄にもない感慨にふけった。

輝北で星を見る。

　串間から鹿児島市へ戻る途中に、もしかしたら輝《き》北町《ほくちょう》もここから近いのじゃないかと思った。輝北町には『輝北天球館』という公開天文台があって、前に一度だけ行ったことがあるが、その時に、次に来るなら昼ではなく、冬の夕方がいいよと言われた記憶がある。いまの季節なら、日没の時間が閉館時間よりも早いから、星の観測には最適なのではないだろうか。友人にその話をしたら、日をあらためてぜひ行きましょうと言ってくれた。

　輝北町は、合併して鹿屋《かのや》市になる前に、当時の環境庁が行っていた全国星空継続観察で、四季連続「星空が日本一美しい町」になったそうだ。天球館は、それを記念して1995年にオープンした。天体望遠鏡はふるさと創生事業として交付された1億円で購入したものだった。

　その望遠鏡（口径650ミリの反射望遠鏡）を操

輝北うわば公園にある公開天文台『**輝北天球館**』（鹿屋市輝北町市成1660-3）。公園は標高550メートルの高台にあり、バンガローなども利用可。

『輝北天球館』に行く前の腹ごしらえは『**こころや**』（鹿屋市輝北町諏訪原1602-1）の揚げ餅。テイクアウトして、停めた車の中でほおばる。

作するのは、天球館の館長だ。「まず宵の明星を見てみましょう」とパソコンに何かを入力すると、縦長の窓がある丸いドーム型の屋根が動き、望遠鏡が窓の方向に向く。館長が望遠鏡を覗いて確認し、「どうぞ」とぼくらに見るように促してくれる。その手順で、宵の明星と呼ばれる金星、次に木星とその衛星、そして土星を見る。木星の表面の縞模様や、土星の輪がしっかり見える度に、思わず大きな声が出てしまう。それを抑えられないくらいに興奮し、感激に浸った。

観測が終わって外に出るとちょうど太陽が沈み、その最後の光で、錦江湾の向こうにそびえる桜島の後ろがオレンジ色に染まっていた。桜島はどこから見るかで形が違う。輝北からの桜島は、鹿児島市内から見る桜島とは左右が反転していた。県境がどうのこうのはもうどうでもよくなって、ただ地球という惑星の美しさに圧倒された。

建物の主要部は、研修室と天体観測室のふたつ。それを支える斜めに林立したコンクリート柱。研修室内部はこのような不思議な空間。

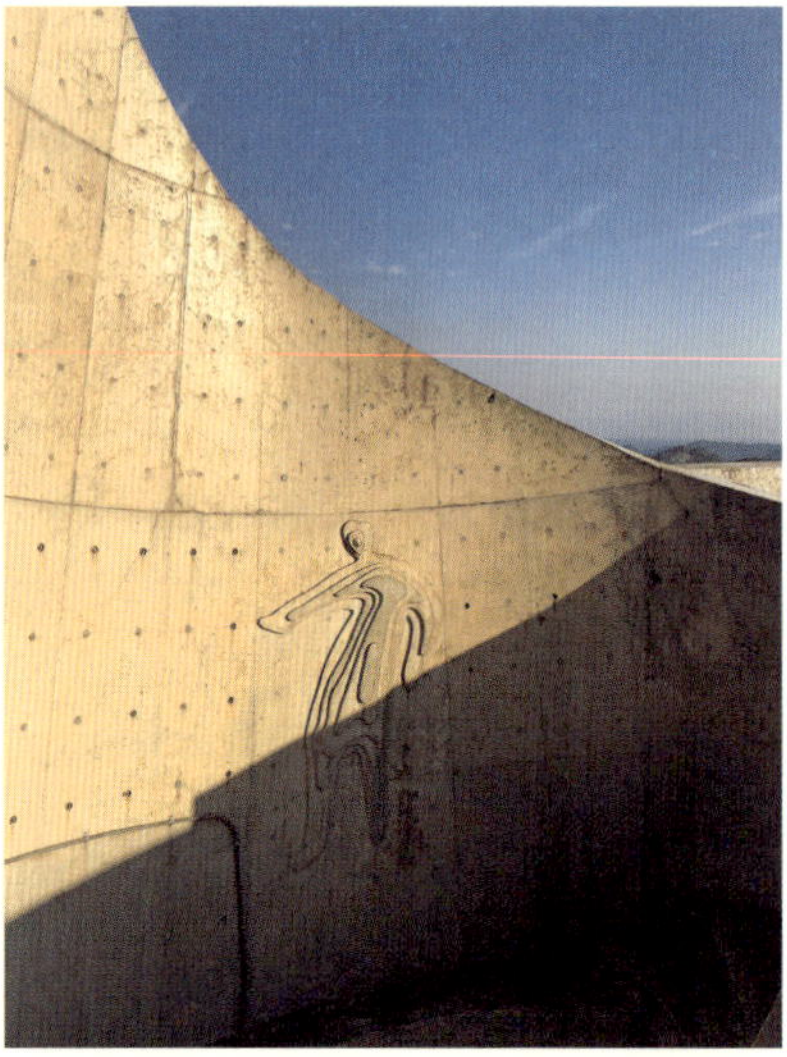

天球館の設計者は鹿児島出身の建築家・髙﨑正治。外観は形容のしようがないユニークなもの。どの方向から眺めるかでまるで印象が違う。

鹿児島県最大の650ミリ・カセグレン式反射望遠鏡。
反射式望遠鏡は倍率を高めやすく、暗い星でも見える
という特長がある。

天球館の望遠鏡で見た木星。実際には木星の80個近い衛星のうち、ふたつの大きなものも見えていた。
天体観測は完全予約制。

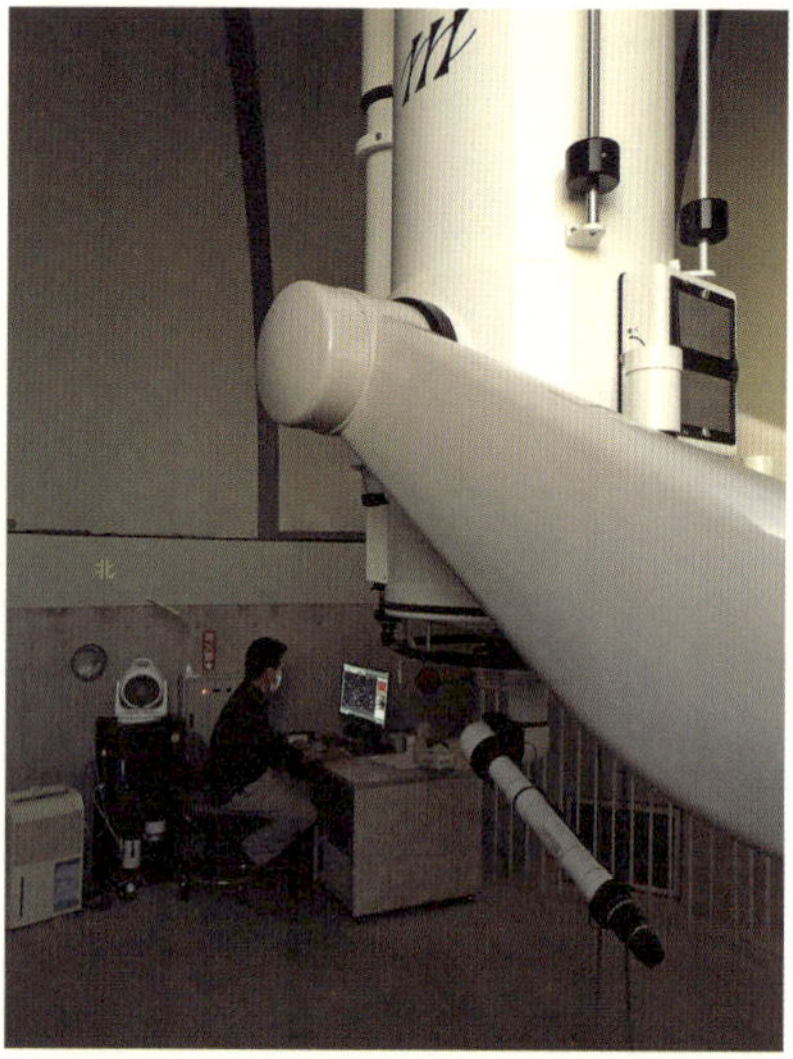

天体観測室で、館長が観測のための準備をしてくれた。今日の天候は観測に適していて、金星、木星、土星を見られるとのこと。

観測を終えて外に出ると、あたりはもう暗かった。暗闇に浮かび上がる天球館の全景は、建物という感じはなく、動きだしそうだった。

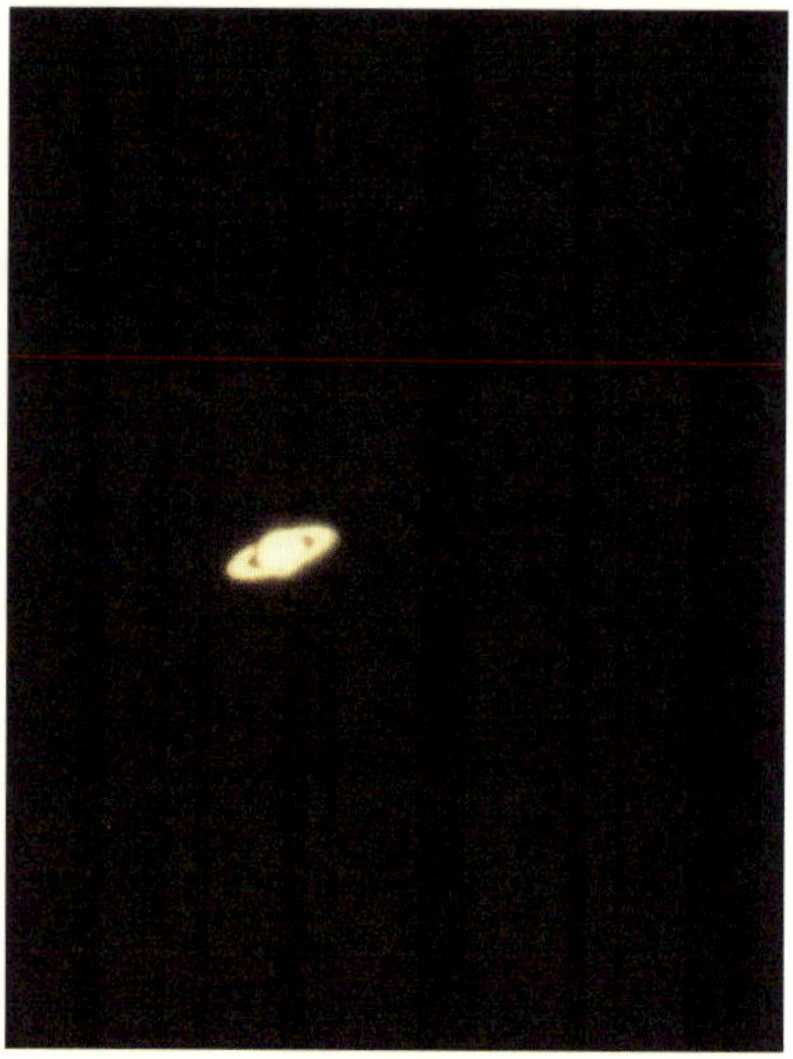

そして土星。土星には輪があってこのような形をしていると知ってはいても、実際に覗いた望遠鏡でそれが見えると歓声を上げてしまう。

番外編

アントニン&ノエミ・レーモンド

『札幌聖ミカエル教会』は1960年竣工。北海道に現存する唯一のレーモンド建築。（札幌市東区北19条東3丁目4-5）

木造教会の美しさ。

札幌市にある『札幌聖ミカエル教会』の話から始めたいのだが、はじめて行ったのがいつだったのか思い出せない。ぼくが住んでいた頃とはまったく違う興味から札幌を歩くようになったきっかけは、イサム・ノグチの彫刻「ブラック・スライド・マントラ」が、大通公園にあるというのを知ったことだった。ようやくそれを見ることができたのは２０１４年だったから、教会を訪れたのは同じ年か、その次の年のはずだ。誰かが教えてくれたのだったろうか。とにかく、ぼくはその小さな木造の教会の前に立った時に、こんなに楚々とした、なのに一度で誰をも魅了するに違いない、美しいその外観に驚いた。

無宗教のぼくにも、いつも扉を開いてくれているから、旅の途中でも、海外でも国内でも、時間さえあれば教会や寺院の中に入ってみたことは多い。もちろん札幌聖ミカエル教会でも、ためらわず扉を開けた。中には誰もいなかった。その仄暗い礼拝堂に差し込んでいる光の方向に目を向けようと仰ぎ見ると、丸太を使った梁の組み方が素晴らしかった。他にも見るべきところはたくさんあったはずだが、真っ先に思い出すのは、この梁と、入り口側と明かり取りのガラス部分に貼られた和紙である。単純な形に切られた和紙は、小さい頃に母や祖母が、障子紙の破れた部分へ応急処置として貼り付けた、花形に切った紙を思わせた。だから、設計者は日本人だろうと勝手に決め付けていたのだが、アントニン＆ノエミ・レーモンドの２人だったのである。ぼくはこの日から、ようやくレーモンド夫妻に対して尊敬の念を抱くようになった。

会う人ごとに「札幌に行く機会があったら、この教会を見るといいと思う」と言っていたのだが、２０１６年の師走に新潟へ行った時に、友人たちが、新潟県にもレーモンド夫妻が設計した教会がありますと、連れていってくれた。それが新発田《しばた》市にある『カトリック新発田教会』だった（１９６６年竣工）。こ

アントニン＆ノエミ・レーモンド

窓ガラスに貼られた和紙。デザインとアイデアはノエミ・レーモンド。アントニンの建物に、什器や照明はノエミというコンビ。

住宅街の四つ角にある。外壁はレンガ組み。梁などに使っている丸太はとど松で、いずれも北海道産の材料。自然のままの色合いもいい。

ちらは札幌聖ミカエル教会よりも広く、礼拝に集った人たちが座るベンチが扇状に並んでいる。でも丸太の梁が、斜めに組み合わされて屋根を支えるという構造は同じで、やはり美しかった。そして、ここでも窓ガラスに貼られた和紙が、この教会を一層、チャーミングなものにしていた。

アントニンとノエミ・レーモンドのことは、それよりも前、たしか『神奈川県立近代美術館』で彼らの展覧会があった時に、その活動や作品などを知ることができた。例えば、彼らが設計し、傑作とされる築地の『聖路加国際病院』や、銀座の『教文館』は、それよりもずっと前から馴染みがあった。でも、その存在が、ぼくの中で膨らんでいったのは、大好きな建築家の吉村順三の師匠だったということや、イサム・ノグチに託して、画家の猪熊弦一郎にカチナドールをプレゼントしたというエピソードを、本で読んだことなどがきっかけだった。そしてレーモンド夫妻の作品であると意識して、それに惹かれたのは、やはり木造建築の教会を見たことからだった。

祭壇を信徒席で扇状に取り囲むようなつくりの『カトリック新発田教会』。新潟県産の杉材による梁と柱の組み方は札幌よりダイナミック。

アントニン・レーモンドは1888年にオーストリア領ボヘミア（現在のチェコ）で生まれた。1910年にアメリカに移住し、その後、市民権を獲得。妻のノエミとは1914年に結婚した。建築家のフランク・ロイド・ライトの下で働く。1919年にライトと共に、『帝国ホテル』建設のために来日し、そのまま日本で独立して設計事務所を開く。1938年に日中戦争の激化のため中国やインド、ヨーロッパを経てアメリカに戻る。終戦後、1948年に再び来日し、事務所を開く。そして1973年にアメリカに戻り、1976年に永眠。これがざっとした彼の経歴である。レーモンド設計事務所は彼とノエミの理念を引き継ぎ、いまも渋谷区代々木で設計を続けている。そのレーモンド事務所の社屋に、アントニンとノエミの自邸兼事務所（1951年に麻布笄町《こうがいちょう》に建てられたもの）のリビングルーム部分を移築した『メモリアルルーム』があると聞いて、見学をさせてもらうことにした。

ビル1階には、かつて事務所が銀座の教文館の中にあった頃に、その屋上で撮影された所員たちの写真が飾ってあった。後列中央にレーモンド、そして吉村順三や前川國男、ジョージ・ナカシマなど、後に日本の近代建築に大きな足跡を残した所員たちが彼を囲むように写っている。メモリアルルームは5階にあった。中には、写真集などで見ていた自邸のリビングルームがそのまま移築されて収まっていた。

ここでも高い天井に向かって斜めに丸太の梁がある。丸太を縦に二つに割り、柱と登り梁を挟んでボ

レーモンド事務所のメモリアルルーム。レーモンドは障子による光の調整を好んでいた。飾られた絵もレーモンドの作品である。

『カトリック新発田教会』（新発田市中央町1-7-7）にもノエミのデザインによる和紙を貼った窓ガラス、燭台。信徒席の椅子も。

ルトでとめる「鋏状《はさみじょう》トラス」と呼ばれる構造だそうだ。使われている丸太は、昔の建築現場で足場を組むために使用されていたものだという。そしてノエミのデザインした照明や家具。

レーモンドが建築設計に際して提唱した哲学が5つある。直裁性、単純性、経済性、自然主義、民主的な建築。彼は、基本的に敷地内の樹木や岩などを移動させずに、その中でデザインすることが大事だと考えていた。自然に逆らうことなく調和する建物。これを素材レベルでも実現できていたのが、かつての日本の木造建築だったのではないかと思う。そして、レーモンドの建築は、彼ならではの美学によって、日本の職人たちが歴史的に持っていたサイズ感とは違う、常識的ではないやり方を導入することで、ユニークな、しかし合理的な建物になっていたのだろう。西欧風の美的感覚が、和風のそれよりも当たり前になったいまでは、むしろこちらのほうが馴染みやすさを感じられるものになっているのかもしれない。

旧井上房一郎邸の寝室と居間の間にあるパティオ。レーモンドの自邸では、
半外部の開放的な空間を夫婦の食卓にも使用していた。

高崎市のレーモンド。

笄町にあったレーモンド夫妻の自邸兼事務所の、自邸部分を写した建物が、群馬県の高崎市にあると友人が教えてくれた。さらに、レーモンドが設計した『群馬音楽センター』もすぐ近くにあるという。

この「自邸の写し」という意味が、ぼくにはよくわからなかったのだが、とにかく行ってみることにした。目的の建物は『高崎市美術館』の敷地内にある『旧井上房一郎邸』という、井上房一郎の自邸として１９５２年に建てられたもので、レーモンドの許可を得て笄町の自邸を実測した上で設計・建築したものだそうだ。実際のレーモンド自邸とは居間と寝室の位置が反転、寝室の隣に和室が付け加えられたりしているものの、現在はもうないレーモンド自邸の様子を知ることのできる、貴重な建物となっている。ところで、井上房一郎とはいったいどんな人物なのだろう。そして、設計者本人のレーモンドから写しを建てる許可を得られるほどの交友関係を、どのようにして築いたのだろうか。

井上房一郎は高崎市にあった井上工業のオーナーだった。若い頃は芸術文化を学ぶためにパリに留学し、帰国後は工芸デザインにも携わり、１９３３年に来日したドイツの建築家、ブルーノ・タウトを工芸品のデザインと制作指導者として翌年より高崎に迎えた。井上は１９３３年に『ミラテス』という店を軽井沢に開いており、１９３５年には銀座店を開いて、タウトデザインの商品を販売した。軽井沢のミラテスはノエミのお気に入りだったようで、レーモンド夫妻と井上房一郎が知り合った場所のようである。

井上房一郎は芸術と建築と社会の関係について、大きな理想を抱いていた人物だったという。旧井上房一郎邸を案内してくれた館長が、高校生の頃に見

スタンドランプはノエミのデザイン。**『旧井上房一郎邸』**（高崎市八島町110-27 高崎市美術館内）

居間内部。暖炉も含め、レーモンド事務所のメモリアルルームと構造は基本的に同じである。

た老齢の井上房一郎の印象を語ってくれたのだが、高校の美術の授業にふらりとよく現れて、学生たちの描く絵を見てまわっていたそうだ。美術の先生は別にいるのに、時には助言を与えることもあった。「おそらく若い才能を見いだそうとしていたのだと思います」と館長は言った。

また、井上房一郎は終戦後間もなく高崎市民オーケストラ（現在の群馬交響楽団）を創立した。オーケストラは市内に疎開していた音楽家たちと地元の音楽愛好家で結成された。都市には音楽ホールと美術館が必要だと考えていた井上房一郎は、その設計をアントニン・レーモンドに依頼する。そして建設費の一部は市民から寄せられた寄付金でまかなわれた。レーモンドは無駄を一切省き、長持ちすることを念頭に、打ち放しのコンクリートを折り曲げた外壁を持つ音楽ホールを設計した。彼は東京の建設業者でなければ、このホールの建築は難しいだろうと考えていたそうだが、結局は井上工業が担当し、1961年に完成する。

1階のホール入り口。壁にはレーモンド夫妻によるフレスコ画。
緞帳も彼らの作品らしい。
『群馬音楽センター』（高崎市高松町28-2）

ホール内部。コンクリート壁がむき出しの部分と吸音のためにベニヤ板を貼った部分が、美しい意匠としても成立している。

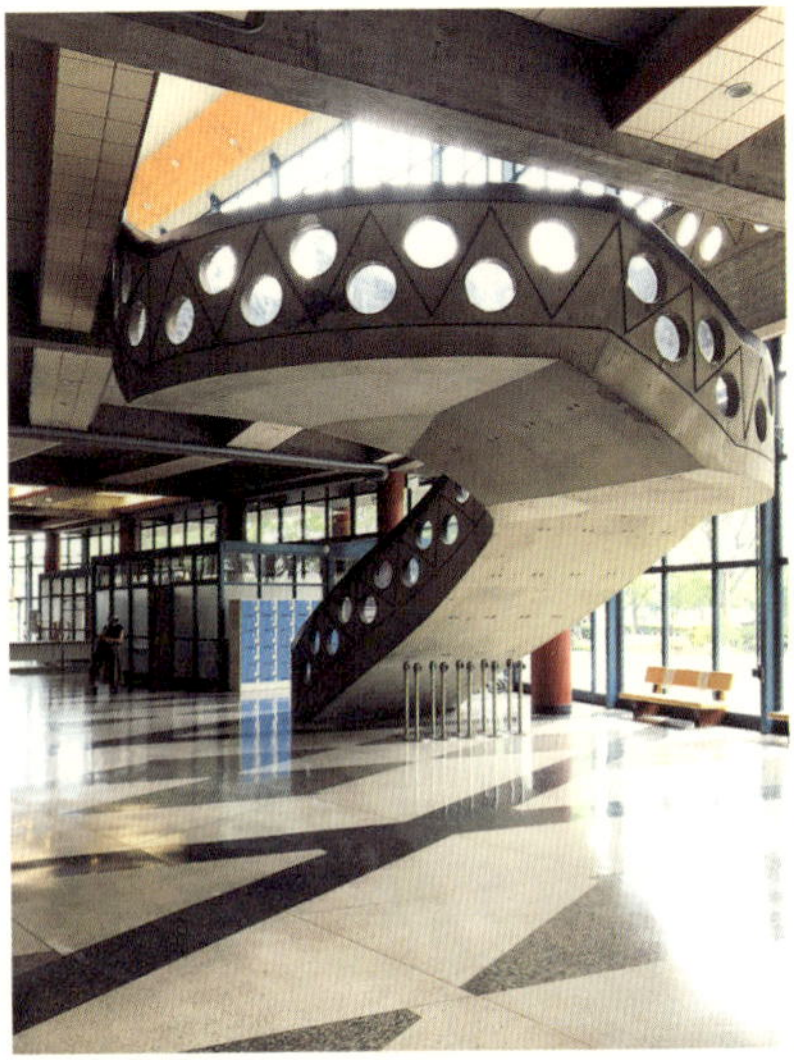

2階のホワイエへ上がる階段は左右にひとつずつある。この支えの柱がない螺旋階段は、コンクリート造なのに軽やかな印象だ。

群馬音楽センターは高崎城址にある。正面入り口の前に、石碑が木立に囲まれてある。そこには「昭和三十六年　ときの高崎市民之《これ》を建つ」と刻まれていた。中に入って驚くのは、2階のホワイエ入り口へ上がっていく階段だ。その階段には支える柱がない。どういう構造計算によるものなのか、見当もつかない。2階のホワイエは片面がガラスで外が見え、反対側の壁にはフレスコ画が描かれている。これはアントニンとノエミの作品だそうだ。ホールに入ると客席は傾斜した一層で、ステージはその斜面のいちばん下前方にある。ステージの両サイドは、客席と段差なくつながっていた。ぼくはこのような形をしたホールをこれまで見たことはない。市民と演者に上下関係はないという、とても民主的な場所だと感じた。これもまたレーモンドの意思、そして高崎市民の意思なのだと思う。

房総へ

千葉県のマスコット「チーバくん」が自転車に乗った像。
銚子は、千葉県の形をしたチーバくん
の耳の先あたりに位置する。

とっぱずれまで。

「千葉に連れていってほしい」と友人に連絡したら、「この本を読むといいですよ」と返事が来た。すぐにその本、川本三郎の『火の見櫓の上の海』を手に入れて読む。そうしたら、これまでの自分が持っていた千葉に対するイメージが大きく変化してしまった。川本三郎が惹かれた千葉、いや、房総に行ってみたくなったのだ。友人にあらためて「房総に連れていってほしい」と連絡する。我が意を得たりという感じの返事があって、ぼくらは東京駅から特急「しおさい」に乗って銚子に向かった。

「ほととぎす銚子は国のとっぱずれ」という句を、誰の作かは知らないまま、子供の頃から知っていた。銚子に行くなら、さらにとっぱずれを目指したい。「しおさい」が銚子駅に着くと、友人は3番線に移動して、ホームをどんどん先のほうへ歩いていく。ホームの端に簡素な駅舎のようなものがあり、そこに「絶対にあきらめない　ちょうし駅」という看板がかけられている。そこをくぐりぬけると銚子電鉄の電車が止まっていて、車掌さんがふたり、乗車券を売っていた。一日乗車券を購入して電車に乗り込む。すぐに出発の時間になった。

ぼくらはまず、犬吠埼《いぬぼうさき》灯台に行くことにした。乗車券には駅の名前が印刷されている。銚子を含めて全10駅。灯台があるのは終点のひとつ手前の「犬吠」である。友人はぼくに『火の見櫓の上の海』に出てくる外川《とかわ》の海を見せたいらしく、友人の仲間が灯台まで車で来てくれて、そこから外川駅の近くまで移動する。駅から海までは、細い下り坂を歩く。坂の上から見る海は、たしかに水平線が電柱や電線の上にある。その途中で豆腐屋に寄り、友人は豆乳を飲み、ぼくはきなこと黒蜜のかかった豆乳プリンを食べた。これがとても美味しかったので、ぼくには、外

きゃりーぱみゅぱみゅとのコラボ電車。乗客は熟年夫婦や乗り鉄・撮り鉄な雰囲気の初老の男性が多く、楽しんでいる様子だった。

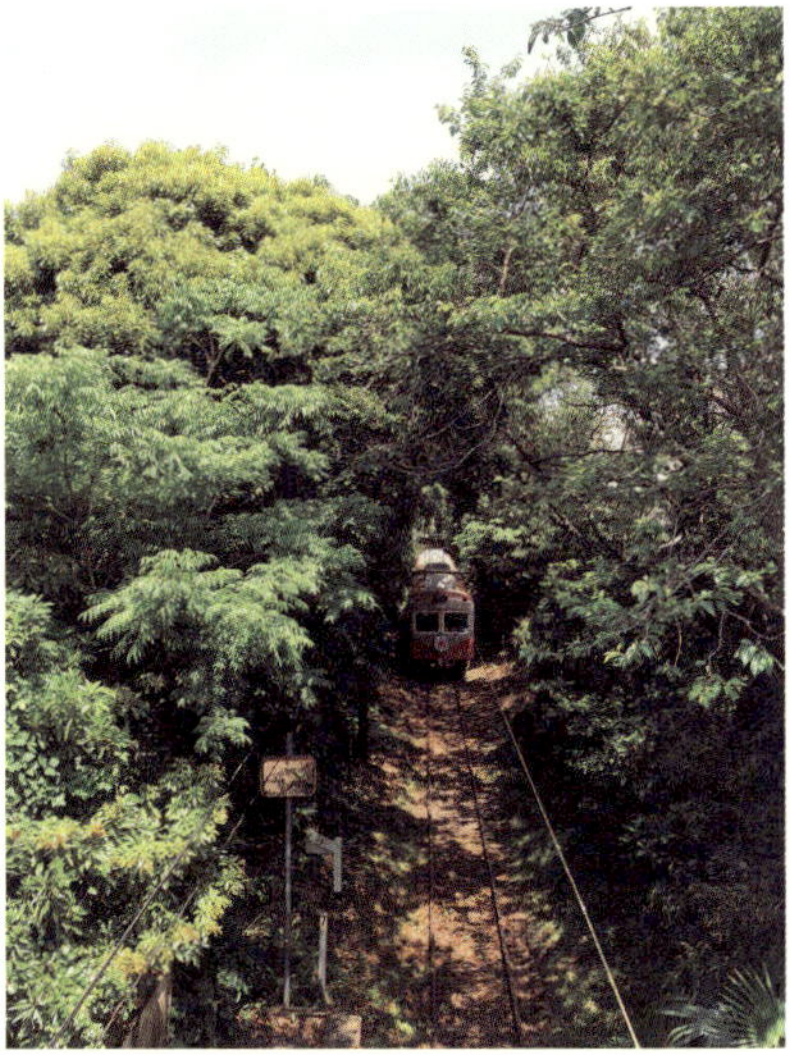

緑のトンネルの中を走る銚子電鉄。どの駅も味わい深く、しかも面白いネタまで備わっていて、ここまで楽しいとは想像していなかった。

川は電柱の上の水平線よりもプリンが記憶に強く残った。

せっかく乗り降り自由の一日乗車券を買ったのに、まだ銚子から犬吠までしか乗っていない。そこから車で本銚子に戻る。ほんちょうしと読むのかと思ったら「もとちょうし」が正しいらしい。でも車内のアナウンスでは「上り調子、本調子」と言っていたような気がする。駅の近くに車を止め、ホームへ行くと、年季の入った「もとちょうし」という看板の他に、「上り調子 本調子 京葉東和薬品」という駅名看板もあった。どうやらネーミングライツを地元企業などに売っているらしい。たしかに「笠上黒生《かさがみくろはえ》」駅では「かみのけくろはえ」という看板が見えた。面白いなあと感心していると、二両編成の電車が到着した。これがまたすごかった。車両の天井から赤やピンクや青の風船やらぬいぐるみやらがぶら下げられていて、座席にも大小いろいろなぬいぐるみがある。こちらは人気歌手のきゃりーぱみゅぱみゅとコラボレーションした電車ということだった。

田んぼの向こうに見える、築山のようなものが「掩体壕」。太平洋戦争の頃の、戦闘機を敵襲から守るための格納施設が、茂原には残っている。

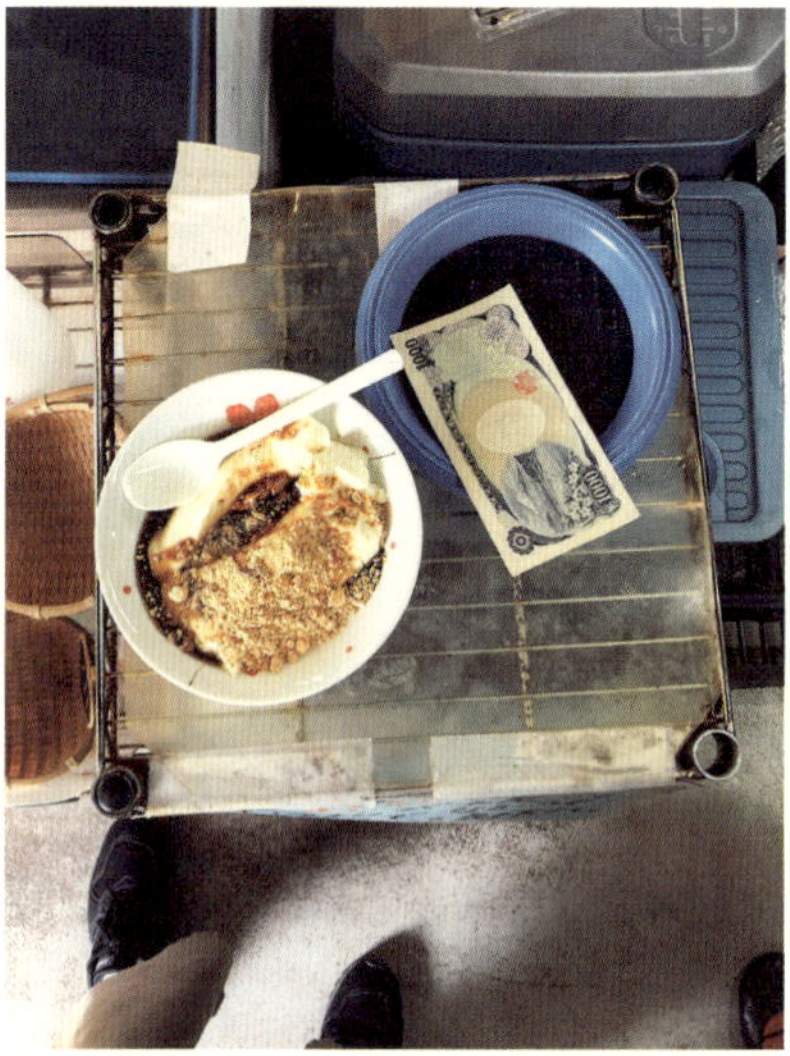

外川にて豆乳プリンを食す。蔵のような建物の外壁に「フ」の字が10個並んでいる。**『榊原豆腐店』**（銚子市外川町2-10927）

この日は他に、美味しい鰯天丼を食べたり、屏風《びょうぶ》ケ浦《がうら》を見学したりしたのだけれど、ぱみゅぱみゅ電車のインパクトと、千葉県のマスコット「チーバくん」についての友人たちの熱い語りを超えることはなかったように思う。チーバくんは横向き直立が正式で、千葉県の形をしているので、「いま耳の先あたり」などと使うらしい。

房総半島へ行くのなら、好きな壺をつくる人が外房線の太東《たいとう》駅から近い海岸べりに住んでいるので、彼のアトリエは絶対に訪ねたいと事前に伝えてあった。銚子のビジネスホテルに宿泊し、翌朝、電車でまずは茂原へ向かった。「茂原に掩体壕《えんたいごう》があるんです」と友人は説明してくれるのだが、意味はよくわからなかったので、すべてを任せることにした。結局、最後は大多喜町まで行き、そこから千葉駅まで送ってもらい、総武線快速で東京に戻った。

犬吠埼灯台。1874（明治7）年に完成。
99段の螺旋階段を上りきって見る太平洋は素晴らしかった。

『KUSA.』で教えてもらったタコス屋さん。サイズも巻き方もブリトーのようなタコスで満腹。**『TOPA TACOS』**（長生郡一宮町一宮9969-2）

『KUSA.喫茶 自家焙煎 COFFEE+PAN.』（長生郡長生村一松乙1987-14）。友人の案内だったので、休日にもかかわらずコーヒーを淹れてくれた。

いまはここには住んでおらず、新しいところでは農業をやっているそうだ。壺は大きいので普通の家に置けそうもないけれど、ファンは多い。

訪ねたかったのは、この壺をつくる浜名一憲さん。陶芸のために東京から移住したのではなく、移住後に公民館の陶芸クラブでおぼえた。

屋上のペントハウスの壁には、陶片などを使ったモザイク壁画がある。今井兼次はアントニ・ガウディに多大なる影響を受けた建築家だ。

名建築があると聞けば行かずにはいられない。『**大多喜町役場中庁舎**』（夷隅郡大多喜町大多喜93）設計は今井兼次で1959年竣工。

ペントハウスの反対側の壁画。他にも鶴の形をしたドアの引き手など、手づくりの繊細な意匠をそのままに保存してある、現役の貴重な建物。

中庁舎は、2012年に千葉学によって耐震改修が行われている。これは屋上にある明かり取りを中から見上げたところ。

『仁右衛門島』（鴨川市太海浜445）の船着き場で、手漕ぎの渡し船を待つ。
向かい側にある船着き場の後ろには、家々が裏山にへばりつくように密集している。

太海と千倉まで。

川本三郎の『火の見櫓の上の海』は、東京人にとっての、特に下町の人間にとっての千葉・房総の近しさを、文豪や画家たちの作品などを紹介しながら、感じるままに綴ったエッセイ集だ。表紙のイラストを安西水丸が描いている。それで、東京出身の安西が子供時代を母の郷里である千倉で過ごしていたことを思い出した。そんなこともあり、通読して印象に残ったのは、つげ義春に絡めて書かれた太海《ふとみ》と、安西水丸の少年時代の思い出を紹介しながら書かれた千倉についての章だった。房総へ行くなら、南のほうまで下っていって、この二つの町を訪ねたいと思っていた。友人と銚子に行った時に、そのまま電車で下っていくことも考えたものの、思っていた以上に時間がかかることがわかり、日を改めることにしたのだった。

南房総へは別の友人夫妻を誘った。彼らは千葉出身者ではなかったけれど、鉄道の旅が好きだったはずだから、たぶん喜んでくれるだろう。どこの駅で何時に待ち合わせて、どのようにまわるかは彼らが考えてくれた。待ち合わせは安房鴨川《あわかもがわ》駅だ。特急「わかしお」に乗って勝浦まで行き、そこで外房線各駅停車に乗り換える。無事にふたりと落ち合えて、そこからまた各駅停車に乗るのだが、安房鴨川から先は、房総半島の外側をまわっているのに内房線ということを知った。

太海駅に着いて、ぶらぶら歩きながら浜のほうへ向かう。釣り人がポイントまで船で連れていってもらうからか、船の名前の看板を壁に掲げた民家が目についた。「仁右衛門島《にえもんじま》に行きましょう」とふたりが言う。島なんてあるのかと思った。渡し船で行くそうだ。船着き場まで行くと、仁右衛門島はすぐ向かいに見えている、面積約3万平方メートルの砂岩の

仁右衛門島への船着き場。釣り人を乗せた漁船が出入りする小さな港。乗船料は仁右衛門島の見学料に含まれている。

太海駅で降りる。太海だけではないが、駅前に商店街や観光客向けの宿があるわけでもなく、そこに住む人の暮らしが滲み出ている。

島のことだとわかった。「ここで手を上げて呼べばいいんです」と言うが早いか、向かいから渡し船がこちらに向かってくる。なんと手漕ぎの船だった。

船頭さんが「大潮で潮がすごく引いているので、奥の船着き場までは行けません。こちらで」と、乗ってすぐに降ろされた。大潮の時は近所の人たちが貝や海藻を採りにくるそうだ。たしかに籠を背負った人を何人も見かけた。島主の住居や源頼朝の隠れ穴などを見学する。もう少し長く居たかったし、太海の町ももっとぶらぶらしたかったのだが、電車の時間を考えるとそうもしていられず、そそくさと駅に戻った。

また内房線に乗り、千倉で降りる。駅前の食堂で昼ごはんを食べながら、防波堤に描かれた安西水丸の壁画を見るために『ちくらアートな海の散歩道』まで、どのように行くかを話し合った。タクシーではなくバスを選ぶ。ここがいちばん近いはずと、駅の観光案内所で教えてもらった停留所で降りる。そこから海を目指して歩いた。方向はわかっているに

島主の家の庭にあった大きな蘇鉄。初代島主は、1180年に戦いに敗れて安房に逃れた源頼朝を助け、かくまったと伝えられている。

仁右衛門島には島主が居て、代々、平野仁右衛門を名乗っているのだそうだ。千葉県指定の名勝であり、千葉唯一の有人島である。

もかかわらず、海に向かってまっすぐな道が見つからず、民家の間や畑の間の細い道を歩くが、なかなか近づけない。ようやく海と防波堤の見える幹線道路に突き当たった時は、跳び上がらんばかりに嬉しかった。

この防波堤には48点の壁画が描かれているらしいが、とにかく見たいのは安西水丸の絵なので、それを目指して歩き始める。目指す絵は、千倉出身の国際的な俳優である早川雪洲の肖像画の隣にあった。防波堤の上の絵は、いつもの安西水丸の絵なのだが、この場所にぴたり合っているように感じられる、しかるべきものだった。

友人夫妻は浜金谷《はまかなや》の駅まで行き、そこからフェリーで神奈川県の久里浜に渡るという。ぼくはそのまま内房線に乗り続け、千葉駅から総武線快速で帰ることにした。

『ちくらアートな海の散歩道』の防波堤にある安西水丸の壁画は全部で３点。
彼が千倉の思い出を描いた漫画『青の時代』は、ぼくの愛読書。

函館へ

函館山麓のエリアは坂道が多い。ここは八幡坂。
函館山から眺める夜景も素晴らしいが、ぼくは
このあたりが函館らしい場所と思っている。

縄文時代の土偶を観る。2007年に国宝指定された中空土偶、愛称はカックウ。
『函館市縄文文化交流センター』（函館市臼尻町551-1）

函館周辺を歩く。

函館にはじめて来たのは中学生の修学旅行だった。ちなみにぼくの生まれは北海道夕張市で、修学旅行は函館と弘前と浅虫温泉というコース。東京に暮らすようになってからも、何度か訪れているけれど、それはいつも出張か取材、つまり仕事であった。だから、いわゆる観光は中学生以来ということになる。

高校生の時に行った修学旅行は奈良と京都だった。この時の奈良では五重塔と大仏と春日大社を見ているが、10年近く前に奈良へ行った時に、修学旅行をやり直す気持ちで再訪してみた。自分が興味を持っていなければ、どんなに素晴らしい場所や歴史的な建造物などを訪れても、何も身に付かないのだなと思ったことを憶えている。だから、今回は中学生の時に見た気になっている五稜郭とか、トラピスト修道院や函館山にぜひ行ってみようと決めていた。

函館港は、横浜港、長崎港とともに、日米修好通商条約に基づいて、１８５９年に開港された国際貿易港だった（当時の表記は箱館）。だからいまも街中には、和洋折衷の異国情緒が漂う建物が残っている。函館山を背に下り坂が続き、下った先に海が見えて、その坂道に交差する道路には路面電車が走っているので、ぼくにはサンフランシスコの光景を思わせないでもない。

中学生の頃にはなかったが、北海道唯一の国宝が見られるというので、『函館市縄文文化交流センター』に行った。国宝に指定されたのは２００７年だが、農作業をしていた女性が偶然にこの中空土偶を発見したのは１９７５年だったそうだ。その後の調査で、この土偶はおよそ３５００年前のものだと判明。交流センターに隣接する『垣ノ島遺跡』を、ガイド・スタッフの方の解説を聞きながら案内してもらう。縄文文化の後には弥生文化が続くが、北海道

七飯町、鹿部町、森町の３つの町にまたがる大沼国定公園。隣接するキャンプ場を悠然と歩くキタキツネに遭遇した。

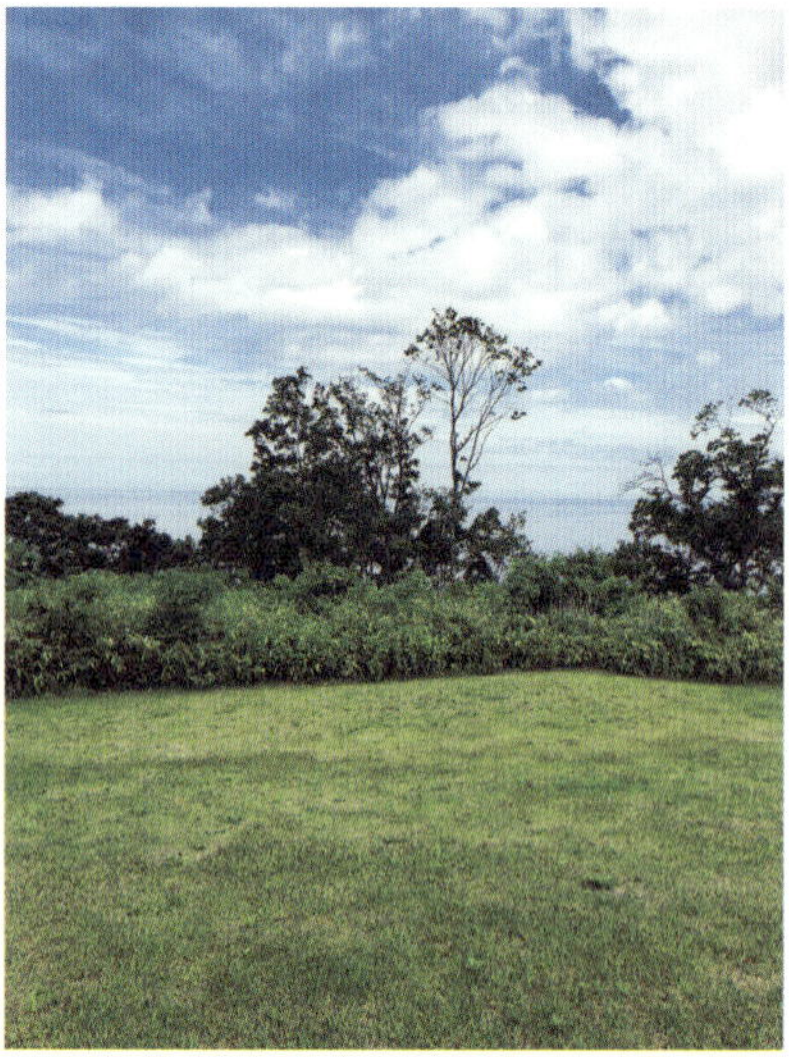

交流センターの隣は『垣ノ島遺跡』という、約9000〜3000年前までの集落遺跡。ここでは発掘体験のコースも用意されている。

では弥生文化ではなく、続縄文文化が始まるという話にも驚いた。自然の恵みを享受する縄文人の生活と考え方に共鳴する。『五稜郭タワー』の展示パネルで学ぶ箱館戦争（１８６８〜１８６９）の歴史ならば、まだ想像力もついていけるが、紀元前７０００年頃から６０００年間も続いたという縄文時代の集落跡では、ただただため息をつくしかない。

　修学旅行で記憶に残っているのは『トラピスト修道院』だ。というのは思い込みで、トラピスト修道院は女性が中に入れない場所なので、共学の中学校の旅行先ではないだろう。どうやらかつて行ったのは『トラピスチヌ修道院』だったようだ。トラピスト修道院は、内部の見学はできず（トラピスチヌもそうだが）、長い坂道を上った先にある門から中を覗き込むだけだったものの、霧のたちこめる天気と相まって、それだけで厳粛な気持ちになった。案内してくれた函館の友人の車に、奈良原一高の『王国』という写真集が積まれていた。１９５０年代にトラピスト修道院の生活を写真で記録した「沈黙の園」

が収められている本で、どこかで展示を観たような気がするが、門まで坂道を上り、そこから中を覗いた後では、何か響き方がまるで違うのだ。

いままで函館から札幌まで向かう列車の窓から見るだけだった大沼公園にも行ってみた。沼というよりは湖と呼びたくなる大きさだ。キャンプサイトでバーベキューをする人たちの間を、ぶらぶら歩いていると、キタキツネに遭遇した。人間が干渉すべき存在ではないことを心得た人が多いからか、キタキツネは悠然とテントの間を歩いていく。

五稜郭タワーから函館市の全景を眺めた時に、函館山にまだ登っていないことを思い出したが、それは次回の楽しみにとっておく。

『トラピスト修道院』は1896年に開院した男子修道院。内部の見学はできないが、門の両側の展示室に修道院の歴史や写真の資料がある。

1864年に完成した『五稜郭』は、**『五稜郭タワー』**（函館市五稜郭町43-9）
から見ると稜堡が5つあり五稜星の形をしていて美しい。

リタの庭。

友人の黒田益朗《ますお》さんはグラフィック・デザイナーなのだが、彼にはもうひとつの貌があって、ガーデナーと言うのはちょっと大げさかもしれないけれど、相当なグリーン・フィンガーズ（園芸の才）の持ち主でもある。東京にある彼の自宅のベランダは、目抜き通りを見下ろすマンションの8階にあり、そこで彼が育てている植物に囲まれて花火を眺めたりワインを飲んだりするのは、ぼくの夏の楽しみのひとつだ。黒田さんはときどき友人知人に頼まれて、植物に関する相談に応じたり、場合によっては庭をつくってあげたりしている。黒田さんが夫妻で函館に行くことがあるのは知っていたのだが、その理由も、友人に頼まれて函館にある美容室の庭を手がけ、その様子を見に行くためだと聞いた。オープンから12年目に入った美容室『リタ』の庭を、久しぶりに訪ねる黒田さんについていった。それが函館に行く大きな理由のひとつだった。

黒田さんは一時期、ロンドンに住んでいたことがあり、函館の春から夏にかけての季節は、ロンドンの気候に似ていると思ったようだ。違うのは積雪だけ。そこを考えて、入念に庭づくりの下準備を始めた。道南の自生植物を調べたり、現地の雑草類を観察したり。美容室の建物と周辺環境のバランスを考えて、最初にイメージしたのは「ちょっと乾いた景色」。グラス類にハーブや花々で彩りを加える。耐寒

東京にある自宅マンションのベランダで、植物の世話をする黒田さん。ぼくも自分の家で植物をまた育てようと思う。

リタの庭で話しこむ黒田さんと永井夫妻。
話をしながら、黒田さんは持参した種を庭の隅に少し蒔いていた。

リタの店内。薪ストーブを抱くような形の大きなテーブルで、庭のこれからについて遅くまで楽しく話す。

美容室『RiTA』（函館市桔梗町418-409）には、函館駅から桔梗駅まで電車に乗り、駅からタクシーで向かった。

性に優れた植物を中心に選び、越冬できそうな苗を植えることから庭づくりはスタートした。美容室のオープンが冬前だったので、こういう手順にしたのだが、開店を祝うお披露目の段階では、集まった人たちには、ほぼ何もないように見えていたのかもしれない。でも、この時点で完成した形を見せようとしても、すぐに雪が積もり、植物はダメになる。それからは春先になると、庭の様子を見るために黒田さんは函館を訪れるようになった。その都度、美容室のオーナーの永井夫妻と話し合い、彼らの好みや理想を加え、根付かない植物を枯らしてしまったりという経験もし、たくさんの雑草を手で除きながら、庭を成長させていったそうだ。

はじめて見るリタの庭は、庭師によってきれいに整えられたものではなく、もっと自然な感じでそこにあった。いわゆる野原のような自然に任せたままのものとも違う。意思を持って手をかけていて、周りの本当の自然とは少し違う美しさがあるが、不自然と感じさせるところはない。でも野性的なのである。自然を手なずけるのではなく、友達になるように、と言えばいいだろうか。

その日の夜、美容室で永井夫妻が用意してくれた北海道のワインを黒田夫妻とともに楽しんだ。黒田さんが「ブンブン」と呼ぶ永井さんの名前は「文文」というらしい。これが本名で、読み方は違うのだが、そちらは教えてもらえなかった。ブンブンがスクラップブックを黒田さんに見せる。それはこれまで庭に植えた種の袋などを貼り付けたものだった。黒田さんはニコニコしながらそれを眺め、ブンブンとこうしたらいいとか、ああしたいねとか、楽しそうに話している。庭仕事が与えてくれる愉快とはこういうものなのか。

ぼくは、かつて福岡で手に入れた蘭の鉢植えを枯らしてしまい、その後に再度挑戦したのだが、新しい蘭も枯らしてしまうような、まるで園芸の才のない人間だ。いったい植物とどのように付き合えばいいのか、まるでわからない。ぼくの家にも狭いベランダがあるが、そこでいつか睡蓮を育ててみたいという夢を持っていて、黒田さんに相談したこともあった。いろいろ助言をもらったけれど、もちろん実現には至っていない。ぼくはリタの庭を訪れて、自分に何が欠けているのかにようやく気づいた。

新函館北斗駅前に鎮座する「ずーしーほっきー」は、2013年に採用された北斗市の公式キャラクター。北寄貝の握り鮨をイメージ。

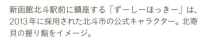

かつての乗り場に係留された摩周丸は、いま博物館となって公開されている。
『函館市青函連絡船記念館摩周丸』（函館市若松町12番地先）

飲まさる食べらさる。

函館山の麓にあるジャズ喫茶。でも穴倉のような場所ではなく、窓からは公園の木々が見える。市電「青柳町」駅から徒歩5分ほど。
『想苑』 函館市青柳町3-15

自由市場の近くにある自家焙煎の喫茶店。8時開店なのでモーニングを食べに。列車を思わせる建物もいい感じ。
『タイム』 函館市千歳町8-12

一日30食限定と聞いて、予約して行った店。蕎麦はもちろん、天ぷらも美味しい。そしてデザートに頼んだつきたて餅が絶品。
『蕎麦蔵』 函館市弥生町23-5

さっぱりと軽い味のソフトクリームをテイクアウトする客も多い。ぼくもソフトクリーム目当てで入った。**『コーヒールームきくち』** 函館市湯川町3-13-19

函館のハンバーガーチェーン。各店、テーマを持った店づくり。ここは「森の中のメリーゴーランド」。
『ラッキーピエロ　ベイエリア本店』 函館市末広町23-18

そこにおでんがあれば夏でもかまわない。函館にもいい店があった。タケノコはやっぱり姫竹。そしてホッケのつみれ。**『おでん冨茂登』** 函館市本町4-9

道産子のぼくの好物は、お菓子ならばわかさいも本舗の「わかさいも」と千秋庵の「山親爺」なんだな。
『千秋庵総本家』 函館市宝来町9-9

函館駅のすぐ近く。モーニングセットを食べに行った。建物の外壁に書かれた文字も素敵だし、中も凝ったデザイン。
『喫茶 サテンドール』

琵琶湖半周

琵琶湖周遊でいちばん見たかったものは、藤森照信が設計した『**ラ コリーナ近江八幡**』だ。（近江八幡市北之庄町615-1）

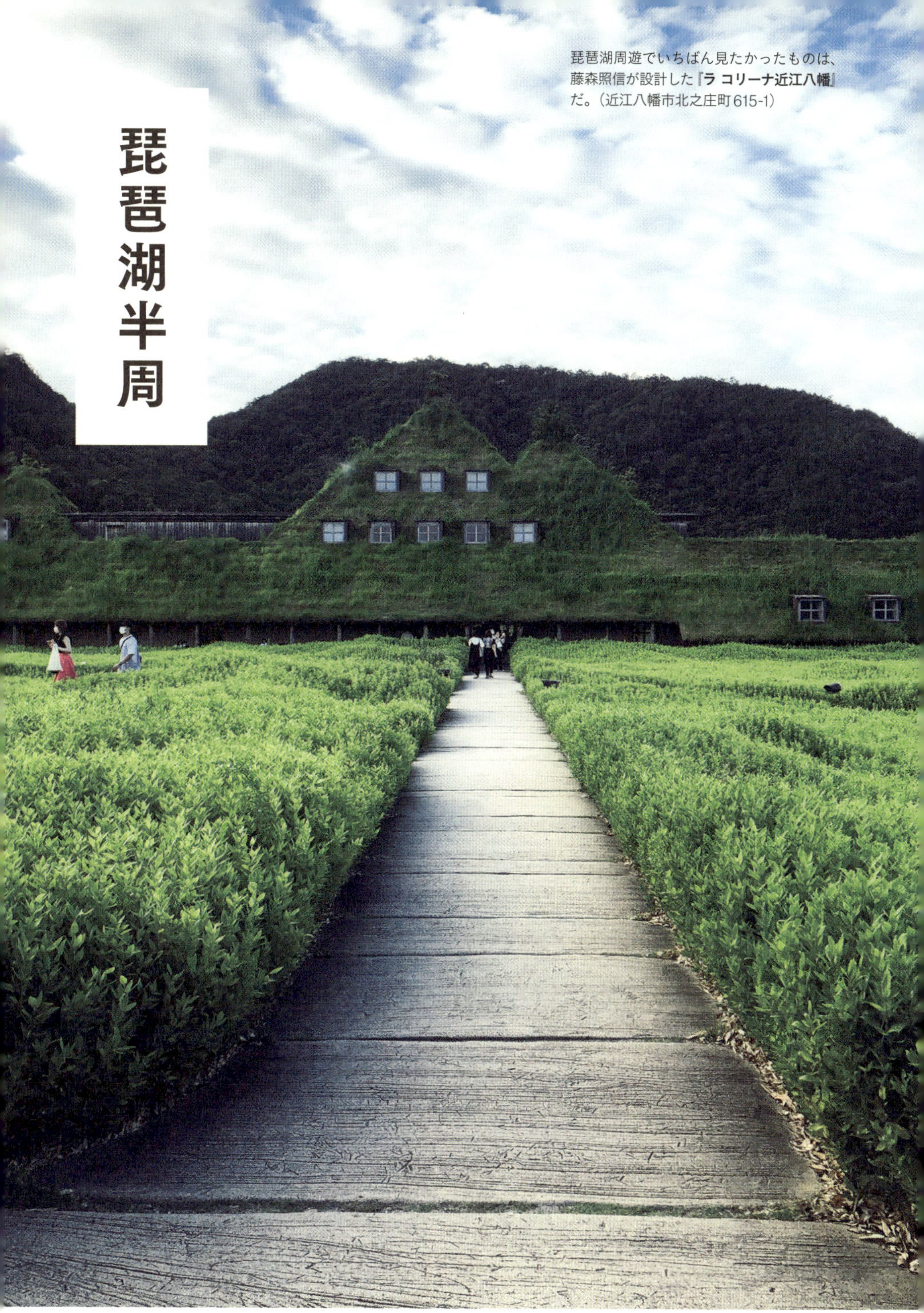

計画の変更。

琵琶湖を周遊したいと考え始めたのは、ずいぶん前のことだが、なかなか重い腰が上がらなかった。たぶん、そのあたりに友人がいれば、いろいろ尋ねて必要な情報を得ることができ、気分が盛り上がっていっただろうと思う。友人はとうとう見つからなかったが、琵琶湖への想いは募るばかりだったので、ようやく数年越しに決心をして鹿児島を出発し、岡山で用事をすませ、その翌日から琵琶湖へ移動することにした。

ところが、鹿児島を出発する時に、猛烈な台風11号が九州に近づいていた。なんとか台風に追いつかれる前に、岡山まで移動したものの、翌朝には山陽新幹線の下り列車は、すべて広島止まりになっている。上りはまだ動いていたので、京都まで新幹線で移動した。

京都に到着すると、駅のアナウンスはいくつかの列車が台風の影響で止まっていると伝えていた。在来線の改札口まで行く。乗ろうと思っていた湖西線は、強風のために近江今津《いまづ》と近江塩津《しおつ》の間が運休している。ぼくの計画は、湖西線で琵琶湖の西側を回り、琵琶湖線に乗り換えて、途中下車しながら東側を回るというものだったから、最初の宿は長浜に予約している。計画らしい計画はそれくらいだったけれど、とにかく琵琶湖の西側から先に時計回りで周遊するのは、諦めなくてはならない。慌ててもしょうがないので、駅構内にあるコーヒー店で朝ごはんを食べながら、計画の立て直しをすることにした。

台風なのだから、絶景スポットのようなところはあとまわしにして、われわれ（ぼくとカミさん）は反時計回りで長浜に行くことにした。そして計画では、旅の最後に寄ろうと思っていた大津で途中下車しようと、ホームに戻って電車に乗った。

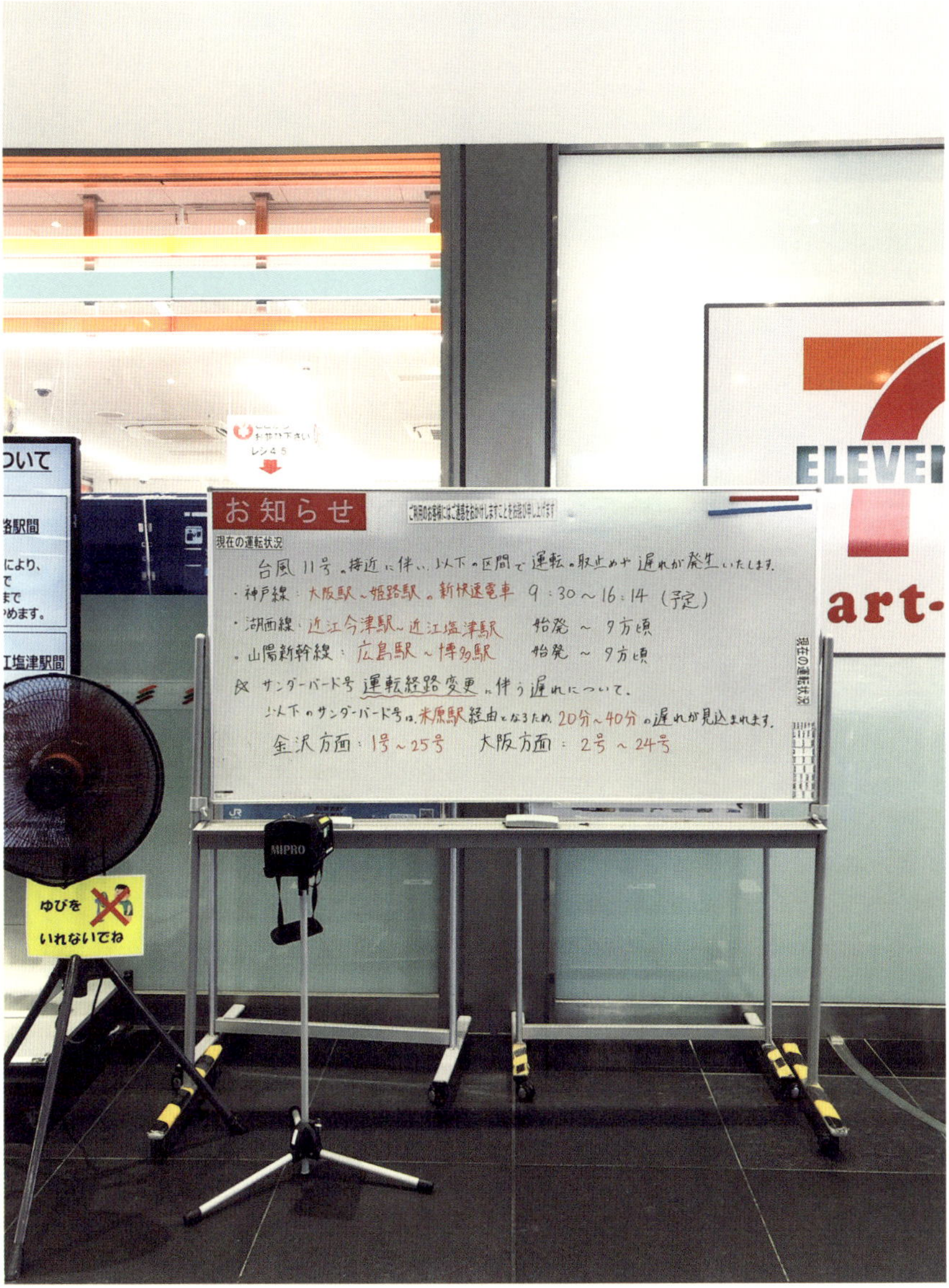

台風による運転取り止めや遅れが発生していた。
たいした計画でもなかったけれど、それでも大幅に変更しなくてはならない。

パブロ・ピカソも大津絵を所蔵していたそうだ。定番の絵をたくさんの人が素早く描いていた。『**大津絵美術館**』（大津市園城寺町33）

大津絵と凡亭。

大津に寄ろうと思っていた理由はふたつあった。ひとつは大津絵を見たいというものだった。たしか梅原龍三郎の展覧会を観にいった時に、彼のコレクションとして何点か展示されていたものを目にしたのが最初だったろうか。クスリと笑ってしまうような、不思議な魅力があった。発祥の地の大津に行けば、東海道を旅する人たちの護符や土産として人気のあった大津絵が見られるだろうと考えて調べてみたら、『大津絵美術館』というところが『圓満院』の境内にあるらしい。先代の門主が所蔵してきた大津絵を中心に、作品を広く公開する場として開館されたのだという。

お寺の歴史は古く、創立は平安時代半ばの987年とあったが、大津絵が人気となるのは江戸時代のことだそうだ。浮世絵のような版画ではなく、手描きの大津絵は、いまも描き続ける職人がいて、買うことができるとは想像もしていなかったが、大津絵美術館でも売られている。ぼくは「雷公の太鼓釣」という絵柄がとても気に入った。

さて、もうひとつの理由は、ぼくがかつて勤めていた出版社の創業社長が、大津にある俳句専門の美術館の館長だったと聞いていたからだ。『淡淡美術館』という名前のそこは、いまはないらしいのだが、跡地だけでも見てみたかったのである。住所を頼りにそのあたりまで歩く。たぶんここだろうという場所には、それらしい建物が見つからず、近所の商店に立っていた女性に尋ねてみる。場所はそこで間違いなかったが、その美術館をやっていた人は高齢になり、土地を売ったのだそうだ。ぼくは凡亭という俳号を持っていた亡き創業社長が、大津の人だったと勘違いしていたことを、恥ずかしながら大津に来てようやく知ることになった。

南側の庭園を眺めるための座席に座る。室町時代に相阿弥が作庭したと言われている。季節が違えば、景色もまた違って見えるだろう。

宸殿内部も見学可能だった。襖絵などの絢爛さも素晴らしい。外光が入ってくる開口部あたりを遠目に見る。三方を庭園に囲まれている。

『圓満院』宸殿の大玄関。圓満院は全国に13カ所しかない宮門跡だそうだ。門跡とは、皇族や貴族が出家して住職をつとめた寺院。

通りがかったアーケード商店街。『長等商店街』という名だったはず。コロッケが揚がっていたら買い食いをしようと思ったが、果たせず。

大津に着いてから琵琶湖はまだ見ていないが、1885年に着工した琵琶湖疏水は見た。こちらは第一疏水で、全長は約20キロメートル。

『淡淡美術館』の跡地を見たくて、地図を頼りに歩く。近所にある商店で、美術館がいつ頃まであったのかなどを教えてもらった。

美術館までは大津駅ではなく瀬田駅で下車し、バスに乗らなくてはならない。大津市は広い。帰りに美術館そばの茶室『**夕照庵**』でひと休み。

駅で見かけたポスターを頼りに、別の日に出かけた『**滋賀県立美術館**』（大津市瀬田南大萱町1740-1）。お目当ての展示はすでに終了していた。

こちらも同じ商店街で見かけた魚屋さん。しばらく立ち止まって見とれてしまうような、味わいのある店だった。

堅ボーロというお菓子を製造販売する店。どのくらい堅いのか、買って試してみればよかったなと、いまになって思う。

翌日は長浜の町を散策する。古い町並みに澄んだ水が流れる美しい町だった。地図なしで歩いていくほうが楽しく感じる。

長浜に到着したのは夕方だった。雨はやんでいる。ホテルは湖のすぐ近くにあった。琵琶湖が目の前に広がっている。

長浜の曳山は13基あるそうだ。前方が4畳半くらいの舞台になっていて、ここで子供たちが歌舞伎を演じる。

『曳山博物館』(長浜市元浜町14-8)で、子供歌舞伎の記録映像を観る。曳山を持つ町の男児によって演じられる。

商店街のアーケードの屋根についているものが気になった。近づくと祭りに関わる何かのようだ。このあたりで寅さんを思い出した。

湖のスコーレのギャラリー。この下には図書印刷室があり、ぼくは探していた古書を安値で見つけられ、ホクホクだった。

『湖のスコーレ』(長浜市元浜町13-29)のカフェ。チーズや味噌など、県内産の発酵食品を使ったランチメニューがとても面白い。

「曳山模型」の後ろに見えるのは、曳山の側面を飾る胴幕だろうか。館内には曳山の舞台の実物大の模型もあり、上に立つことができる。

1573年に羽柴秀吉（豊臣秀吉）が築城した長浜城。天守は復元されたもので、『**長浜城歴史博物館**』（長浜市公園町10-10）になっている。

長浜に泊まる。

大津から長浜に向かう車窓から、琵琶湖の景色が楽しめるとばかり思っていたが、草津の手前だったかで一瞬それらしきものが見えたけれど、それからはずうっと郊外風景だった。そして長浜に到着する寸前に、ようやく琵琶湖が見えた。駅からホテルまで歩くと、ホテルの目の前が琵琶湖で、ここでようやく周遊をしているという気分を味わえたのだった。

途中下車する町として長浜を選んだのは『湖のスコーレ』という、発酵をテーマにした施設があると聞いたからだ。翌朝、湖の岸を歩きながら探したが、名前から勝手に湖畔にあると思っていた施設は町中にあることがわかった。天気が良かったので、駅でもらった観光地図を頼りに、町を散策し始めた。

水路が美しい町並みを見ているうちに、この町を知っているような気がしてきた。そして映画で観たのだと思い当たった。山田洋次監督の映画『男はつらいよ 拝啓車寅次郎様』だ。寅さんよりも、その甥の満男（吉岡秀隆）と先輩の妹（牧瀬里穂）の淡い恋のほうが印象に残っている映画。このふたりが歩く町が長浜なのだ。お祭りのシーンも素晴らしかった記憶がある。

すると『曳山博物館』という建物が見えた。中では曳山が展示され、祭りのハイライトである狂言奉納を記録した映像が流れていた。曳山がそのまま舞台になり、そこで子供たちが歌舞伎を披露する。いつか祭りのある4月にあらためて来たいと思った。

湖のスコーレもすぐに見つかった。カフェで昼ごはんを食べ、併設された書店やギャラリーを見る。ぼくはいつも訪問先のことを旅の前に調べるのだが、今回はそれをほとんどしていなかった。風来坊になったような感じがした。それも悪くない。

近江八幡の〝丘〟。

近江八幡の駅でタクシーを拾い、「『ラ コリーナ』までお願いします」と言うと、途中の見どころもいろいろ教えてくれながら、「お土産を買うんですか？」と訊かれた。「いいえ、あの建物を設計した人の作品が好きなので、ここも見ておきたいと思って」と答えると、「他の建物も見たことがあるんですね。やっぱりそれも風変わりな建物なんですか？」と、重ねて質問された。藤森照信が設計したすべての建物を見たわけではないけれど、ラ コリーナは中でもとりわけユニークなものと思っていて、ようやくそこへ行けるのだから、嬉しくて仕方がない。

裏に八幡山をひかえるラ コリーナの敷地面積は3万6千坪だそうだ。八幡山の稜線の前に違和感なくあるのがメインショップで、「草屋根」と呼ばれ、その名のとおり屋根には芝生が植えられ草が生えている。正面からは見えなかったが、ショップを通り抜けて裏に出ると、敷地の広さが実感できた。右側には銅屋根の、これまた風変わりな形の巨大な建物がある。本社らしい。草屋根と銅屋根が囲んでいる真ん中には田んぼがある。ちょうど稲刈りの季節で、収穫する人々の姿が見えた。ぼくが知っている機械を使った稲刈りではなく、手作業でやっていた。敷地

「カステラカフェ」の店内。栗林の中に座っているようだ。ここだけではなく、木の使い方がどこもユニークだった。

内をガイドが案内してくれるラ コリーナツアーもあったようだから、説明を聞きながらだったらもっと楽しかったことだろう。

「草屋根」の2階は、焼きたてのバームクーヘンが食べられるカフェになっていた。ラストオーダーには間に合わなかった。

『栗百本』と呼ばれるカステラカフェに入る。焼きたてのカステラが食べられるとのことだったが、ぼくはしっとりとした頃合いに食べるのが好きなので、焼きたてではないほうを頼んだ。

メインショップに戻り、限定の草屋根パッケージに入った本生羊羹を買ったが、ホテルに戻ってすぐに食べたので、お土産にはできなかった。

自然がすぐ隣にある環境で、自然に学びながらお菓子を楽しめる場所。
それをこんな形で提示した建築家と、受け入れるクライアントに脱帽。

萩、山口へ

夕日を受けてオレンジ色に輝く川向こうの家々。萩に到着して最初に見た風景だ。時間の流れるスピードが遅くなったように感じた。

はじめての萩。

山口県に行ったことがない。いつも新幹線で素通りするだけだ。そんな話を友人にしたら、「山口なら萩がいいですよ。港でぼんやり日が暮れていくのを眺めるのが最高です。萩は何もなくて、いいんです」と言う。「何もないけど」ではなく「何もなくて」という言葉に、友人の求めているものが自分と共通しているような気がして、萩に行ってみようと思った。

とはいえ、山口県に関する知識はほぼないから、とりあえず新幹線の切符を新山口駅まで買った。買ったのはいいが、萩の港は日本海に面していることを、切符を手に入れてから知った。友人の話を聞いた時に、ぼくが思い浮かべた港は瀬戸内海に面しているはずだった。とにかく、出だしからつまずいているのだが、新山口駅から車で萩に向かい、夕方に到着した。

宿は港の少し手前、浜崎伝建地区《はまさきでんけん》にあった。伝建というのは伝統的建造物を短くしたものだろうか。たしかにあたりの建物は、どれもあじわいのある古い木造の建物が中心だ。すぐ近くを流れる川は松本川という。川の向こう側の住宅が、夕日に照らされて美しかった。友人が夕日を眺めると言っていた港は、川沿いの道をまっすぐ歩いたところにあって、見島、大島、相島に渡るフェリーの乗り場がある。川の対岸に行くための渡し舟も近くから出るようだ。

夕日はたしかに素晴らしかった。というか、素晴らしいのだろうなと想像はできたのだが、あまりにも寒い。だからほうほうの体で宿に戻る。宿の向かいにある『舸子《かこ》176』というところで夕飯を食べた。ここは築200年の元海産物問屋を改築したものだという。スタッフが親切にオススメの場所を教えてくれる。明日がとても楽しみになってきた。

着いた日の夕食は、宿の向かいにある江戸時代の町屋を改築した
『舸子176』（萩市浜崎町176）で。スタッフに地元情報を聞く。

1968年に完成した**『萩市民館』**(萩市江向495-4)。隣接する『萩市庁舎』とともに菊竹清訓が設計した。中に入ると外観との差異に驚く。

萩あちらこちら。

萩滞在2日目、朝食を済ませてから、宿に置いてあった小さな地図を頼りに散策を始めた。目的地がはっきりとしていれば、スマートフォンでグーグルマップを頼りにするのは便利だが、さしたる目的もないぶらぶら歩きには向いていない。いや、ぼくが新しい技術に向いていないだけかもしれないとは思うものの、紙に描かれた、もしくは印刷された地図は、信頼できる旅の仲間のようなものだ。

そういえば、萩には菊竹清訓《きよのり》が設計した市庁舎と市民館があると聞いていた。知らない町に行くと名建築と呼ばれるものを探し、そこを見学するのが楽しみだ。建築に詳しいわけではない。ただ、そういう建物を観ていると、未来に対する期待や信頼を感じ取ることが多いのだ。鳥取・米子の『東光園《とうこうえん》』や、つくばの『松見公園展望塔』(通称・栓抜きタワー)は、何年か前に観たものだが、菊竹清訓の名前とともにいまも憶えている。名建築とは、そのような建物だ。萩の市民館もやはり素晴らしい。いつかは建て替えられてしまうのだろうが、現存するうちに観られてよかった。

地元の人たちが愛する食堂などは、宿のスタッフから教えてもらっているので、それを合間合間に挟みながら歩く。地図には観光名所についてもちょっとした案内が載っていた。『松下村塾』を見てみたくなり、松陰神社に行った。松下村塾に通った歴史上の偉人とされる人物は何人か知っている。彼らが学んだ場所だから、学校のような建物を想像していたのだが、小さな平屋だったことに驚く。

そういえば、山口県は藩政時代は長州藩だった。薩摩藩とともに明治維新を推し進めた土地であるのに、鹿児島県ほど「明治維新」を前面に押し出している印象はなく、そこがぼくには心地よかった。

『**松下村塾**』（萩市椿東1537）。当初からあった８畳の一室と、増築した10畳半の部分からなる木造平屋建て。

土産物屋で見かけ、吉田松陰の肖像が印刷されたパッケージに惹かれて、つい買ってしまった柚子塩味のポテトチップス。

『**どんどん土原店**』（萩市土原377）。ここが本店だそうだ。たなかうどん（肉わかめうどん）にたっぷり刻み葱をのせて食べる。

室内の壁には何枚かの肖像写真が飾られていたが、目が悪いのと、そもそも歴史に詳しくないので、誰が誰かはわからなかった。

『小川家長屋門』の敷地内にあるので長屋門珈琲という名前なのだろう。『どんどん』からも歩いてすぐの距離にあった。

食欲が満たされれば、次はコーヒーが飲みたくなる。**『長屋門珈琲カフェ・ティカル』**（萩市土原298-1）にて自家焙煎のコーヒーを。

食品サンプルが並ぶウインドーを見ていたら、腹が減った。鉄板焼きそばを食べる。**『デンスケ』**（萩市東田町14-3）

宿のある浜崎エリアは廻船業や水産業で栄えた町。江戸時代の商家が残っていて、武家屋敷群（堀内や平安古）とは違った趣がある。

夏ミカンの町。

仕事で関わりのあった萩出身の知り合いに、缶入りの夏ミカンのマーマレードをもらったことがあるとカミさんが言った。そのマーマレードはパッケージも愛らしく、とても美味しかったそうだ。記憶を頼りに調べてみたら、どうやらそのマーマレードは『光國本店』という店のものらしいとわかった。宿からも遠くないから、歩いて店まで行ってみた。売っているもののほとんどが、夏ミカンを原材料にしたお菓子だった。そして、件のマーマレードもある。友人たちへのお土産にと数缶求めた。

そういえば、萩を歩いていると黄色い大ぶりの実をつけた木が、通りに面した家などの塀から顔を出しているのをやたらに目にする。でもいまは冬の真っ最中で、それが夏ミカンであるという確信はない。そもそも夏ミカンというのが冬の柑橘なのか夏の柑橘なのかもわからない。だんだんあの黄色い果実は

『道の駅 萩往還』（萩市椿鹿背ケ坂1258）には、萩を離れる直前に寄った。公衆電話ボックスを覗くと、そこも夏ミカンに溢れていた。

『光國本店』（萩市熊谷町41）の「夏みかんマーマレード」。お土産として友人たちに渡すと、みんな「可愛い」と嬉しそうにしてくれた。

何なのだろうと気になってきた。ただ、明日には萩を離れなければならない。だから、何かわかるだろうと思い、観光地図で見つけた『かんきつ公園』に寄ってみることにした。

『かんきつ公園』（萩市平安古町164）の一角に、萩藩士・小幡高政の住んだ屋敷がある。小幡は士族救済のために夏ミカンの栽培を奨励した。

かんきつ公園には柑橘類20種類約380本が植えられているという。園内をまわり、ぼくには夏ミカンと甘夏柑と八朔柑の区別がつけられないことに気がついた。ただ、萩市内で夏ミカンをよく見かける理由はわかった。明治維新で禄《ろく》を失い、生活に困窮していた士族救済を目的として夏ミカンの栽培を推奨したためなのだ。

　さらに、夏ミカンは秋に実をつけて、翌年の初夏までそのままにしておくと、酸味が抜けて食べやすくなるということも知る。もし誰かがぼくに萩の印象を訊くことがあれば、これからは夏ミカンの町だと答えるだろう。

ワイカムに寄り道。

新山口駅に戻るなら、山口市の『山口情報芸術センター［YCAM《ワイカム》］』に寄りたいと思い、知り合いのツテを辿って、館内を案内してくれる人を見つけた。ここは磯崎新《あらた》が設計した施設である。磯崎新について認識を新たにしたのは、大分市にある『アートプラザ』を訪ね、「磯崎新 環境と空間」という常設展示を観た時だった。この人は建築家というよりも、思想家とか哲学者なのではないかと思ったのである。そう感じさせる建築家は他にはなかなかいない。

その磯崎新の提案によってYCAMは生まれた。この施設が扱うのはメディアアートと呼ばれるものだが、いわゆる美術館の展示とはまったく異なった世界が体験できる。この日はローレン・リー・マッカーシーとカイル・マクドナルドという二人のアーティストによる「アンラーニング・ランゲージ」という参加型の作品と、それに関連する展示が公開されていた。この参加型作品を実際に体験する時間はなかったが、解説によると、カメラとマイクによって監視された部屋でAI（人工知能）と交流しながら、AIが検知できない方法で人間同士がコミュニケーションをとることが可能なのかを探るのだという。つまり新しいテクノロジーと人間との関係性について考えるということだと思うのだが、ぼくにはさっぱりわからない。わからないのだが、未来をこういう形で考えたり体験したりできる施設というものの重要性だけは、かろうじて理解できるし、世界中からアーティストや技術者が集まるこのような施設を、人口20万人弱の町が持っているということを羨ましく感じた。実験や研究に必要な最新の道具が揃い、そこに町全体に関わる方法を考える人たちが集まり、育っていく。なんと頼もしいことだろう。

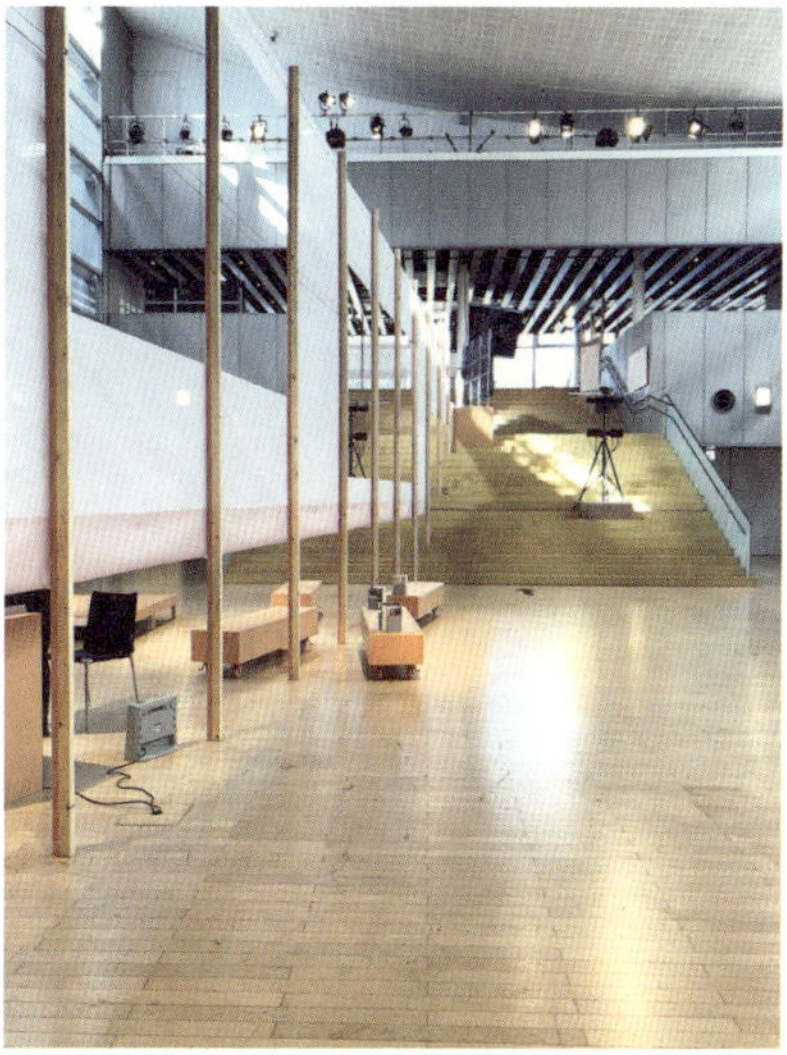

ホワイエでは「鎖国［Walled Garden］プロジェクト」という、「監視資本主義」とはなにかを知るための展示が行われていた。

『山口情報芸術センター［YCAM］』（山口市中園町7-7）は、ギャラリーや劇場、図書館などが一体となった施設。

施設内にある『山口市立中央図書館』。天井部から取り込まれた自然光も美しい。この日は休館日で図書の整理などを行っていた。

「アンラーニング・ランゲージ」という作品を体験するスペース。この小部屋の中で被験者とAIが対話する。

スタジオA。ダンスやコンサートを開催できる劇場にもなるが、客席を地下に収納し、すべてをフラットにすることも可能。

ラボと呼ばれる創作スペース。YCAMのデザイナーやエンジニア、外部のアーティストたちが作業をするための機器が置かれている。

YCAMが手がけた子供向けの遊び場「コロガル公園シリーズ」。百貨店**『山口井筒屋』**（山口市中市町3-3）に設置するなど、町全体で関わる。

坂本龍一が2013年にYCAMで制作・発表した「Forest Symphony」が公開されていた**『常栄寺』**（山口市宮野下2001-1）へ。

多治見、岐阜へ

『多治見市モザイクタイルミュージアム』（多治見市笠原町2082-5）の正面からの眺め。2016年完成、設計は藤森照信だ。

4階の展示室。町の有志たちによって保存されていた展示品が並ぶ。
ある時代の生活を美しく清潔に保ってきた工夫も感じられた。

多治見とタイル。

多治見市在住の陶作家である安藤雅信さんを訪ねることになった。これが二度目である。前回は多治見市に藤森照信設計の建物があることに気づいていなかったが、今回は絶対に観ようと決めていた。

件の建物は『モザイクタイルミュージアム』。モザイクタイルの生産量日本一の多治見市笠原町にある。浅いすり鉢のような敷地に、山のような形の建物。タイルの原料である粘土を掘り出す採土場が、このユニークな外観のイメージだそうだ。外壁はモザイクタイルで装飾した華麗なものだろうという予想は、いきなり裏切られる。この発想力が藤森建築の大きな魅力だ。入り口脇から最上階である4階まで、薄暗い階段を一気に上って展示室に入る。天井は高く、正面の壁なのか天井なのか、なにしろ境目なく繋がっているので、どう呼んだらいいのかわからないが、そこに大きな丸い穴が開けられていて、青空がのぞき、外光が展示室内に降り注いでいる。雨の日はこの穴から水滴がしたたり落ちるのだろう。でも展示品はモザイクタイルでできたものばかりだから、これで平気なのに違いない。

1995年ごろから町の有志たちが収集し始めた、モザイク張りの製品や建物の一部などから、藤森照信が選定したものが並んでいる。銭湯のタイル絵、流し台、水槽、調理台、かまど、浴槽、洗い場、テーブルの天板などを観ながら、案内をしてくれた安藤さんが、「子供の頃、祖母の家にも同じようなものがありました」と話してくれた。3階はタイルの製造工程と歴史に関する展示、そして2階は最新のタイル情報を集めた産業振興のための展示室。1階にはモザイクタイルを使った工作ができる体験工房。時間はアッという間に過ぎて、閉館時間近くに行ったことが悔やまれた。

安藤さんの別の顔。

安藤雅信さんにはじめてお会いしたのは、2018年の8月だった。安藤雅信という人物を自分なりに紹介するための取材だ。『信濃屋』という安藤さん行きつけのうどん店で待ち合わせた。店の座敷で初対面の挨拶をすませ、注文した「ころうどん」を待っている時に、安藤さんの携帯電話がけたたましく鳴った。着メロだった。しかもかなりマニアックな曲だったので、思わず反応して安藤さんの電話が終わるのを待ち、質問をした。「これ、マイルス・デイヴィスの『オン・ザ・コーナー』の中の曲ですよね？」

安藤さんは相好を崩して「マイルスが好きなんですか？」と言う。発表当時、マイルス・ファンたちの評判が芳しくなかったこのアルバムを、ぼくはすごく好きなんですと答えた。安藤さんもそう思っているようだった。

その瞬間から、ぼくの（そしてたぶん安藤さんも）緊張が解けた。それが良かったのかどうかはわからない。というのも、安藤さんが運営する『ギャルリももぐさ』に案内されてからも、建物の2階に据えられたオーディオ機器と、CDとレコードのコレクションに目が釘付けになり、結局、陶作家である安藤さんを、音楽をこよなく愛していて、マニアックなものもたくさん知っている人だと、ぼくは認識してしまったのだ。工芸品の話ではなく、CDとLPだと、どっちの音が優れているかなどの話に終始する。

その時すぐに依頼したのだったかは憶えていないが、一緒に好きな音楽を聴きながら、それについて話す会をやりましょうということになったのだが、コロナ禍で先送りになっていた。それをいよいよ実現しましょうというのが、ぼくが多治見まで安藤さんに会いにきた理由なのである。今回も、信濃屋で待ち合わせた。

落ち着き払ったギャルリももぐさの佇まいは、5年前に訪れた時と変わりがなかった。傾斜地に造られた庭には、石畳のように自然石が積まれ、曲がりくねった経路ができている。作業は安藤さんが自分自身で行ったそうだ。ところどころに大きな彫刻作品などが置かれている。彫刻家になるつもりだったという安藤さんの作品もあった。

『信濃屋』(多治見市上野町3-46)。ころかけという冷たいうどん、温かい支那そば、そしてもう一度ころかけを食べた。食べ過ぎ?

建物の2階に上がる。大きなスピーカーが設置された部屋は、明日の会で使うことになっている。その隣の小さな部屋に、安藤さんのつくった皿やカップなどが並べられている。たまに行くレストランやカフェなどで見たことのあるものだった。自分では持っていないが、それと気づかずにすでに馴染んでいたのだ。

安藤さんがお茶を淹れてくれた。東方美人という台湾産

個展にあわせて茶席を設けることの多い安藤さんだから、目の前でお茶を淹れてもらえて嬉しい。一連の所作がとても美しい。

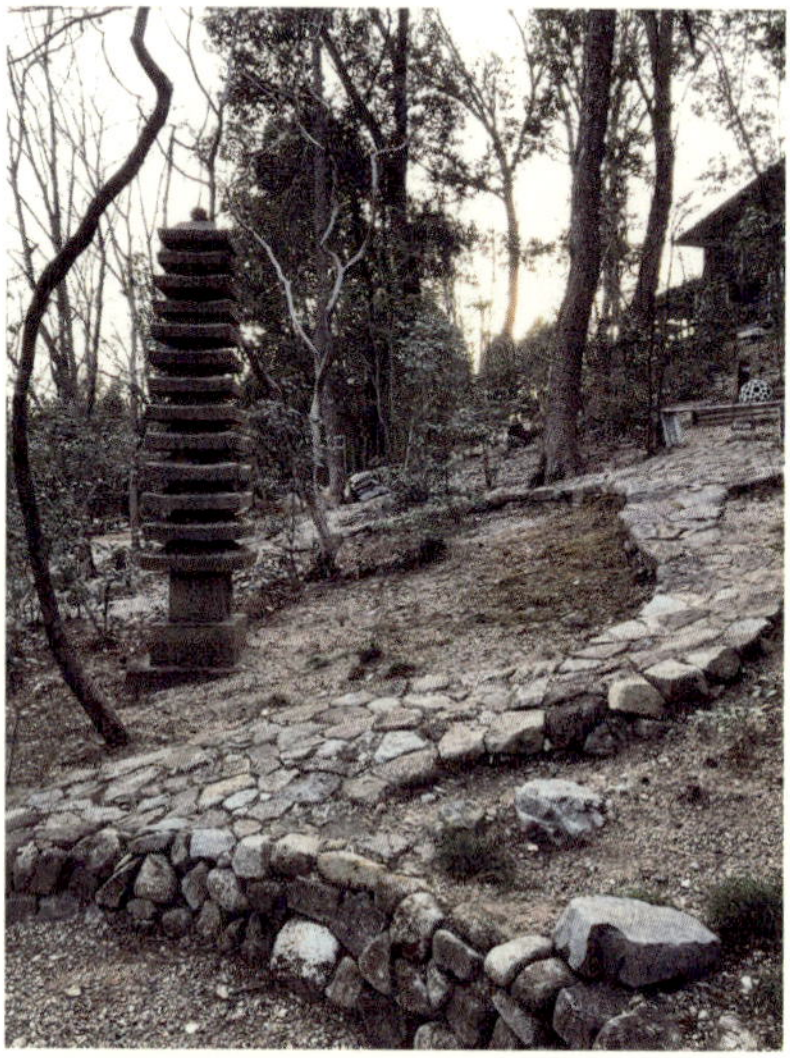

ギャルリももぐさの庭。手入れをする安藤さんの姿をときどきSNSで見ていたが、体力がないとできない作業だと、石の道を見て感じた。

の烏龍茶の一種だ。前に台北に行った時に、台湾のお茶の味わい方や作法を教えてもらったことがあるが、安藤さんも湯を沸かすところから始めて、厳かな雰囲気で静かに淹れてくれた。お茶を淹れてくれた部屋に書棚のようなものがあって、そこにダライ・ラマの肖像写真が飾られている。しかもサインが入っている。「これは?」と尋ねると、若い頃に行ったインドの話をしてくれた。詳しくここに書くわけにはいかないが、こんなふうに安藤さんの体験や趣味の話は、予想外の内容が多く、どうしてもそこに惹かれてしまう。もちろん本業である陶芸についても、知識と経験と発想力を持っている人だけれど、その話にはなかなかたどり着けないのだ。

そこから、明日の会でかけようと思う音楽の話になり、どういう順番ならば意図が伝わるだろうかという打ち合わせをした。ただ、打ち合わせしすぎると、肝心の本番までに気がすんでしまって、話すことがなくなるよねと、二人で笑った。なのに話し始めると、また音楽のことになってしまうのだった。

『ギャルリももぐさ』（多治見市東栄町2-8-16）に展示された安藤さん
制作の日常陶器。和洋を問わずに使えそうなシンプルなものだ。

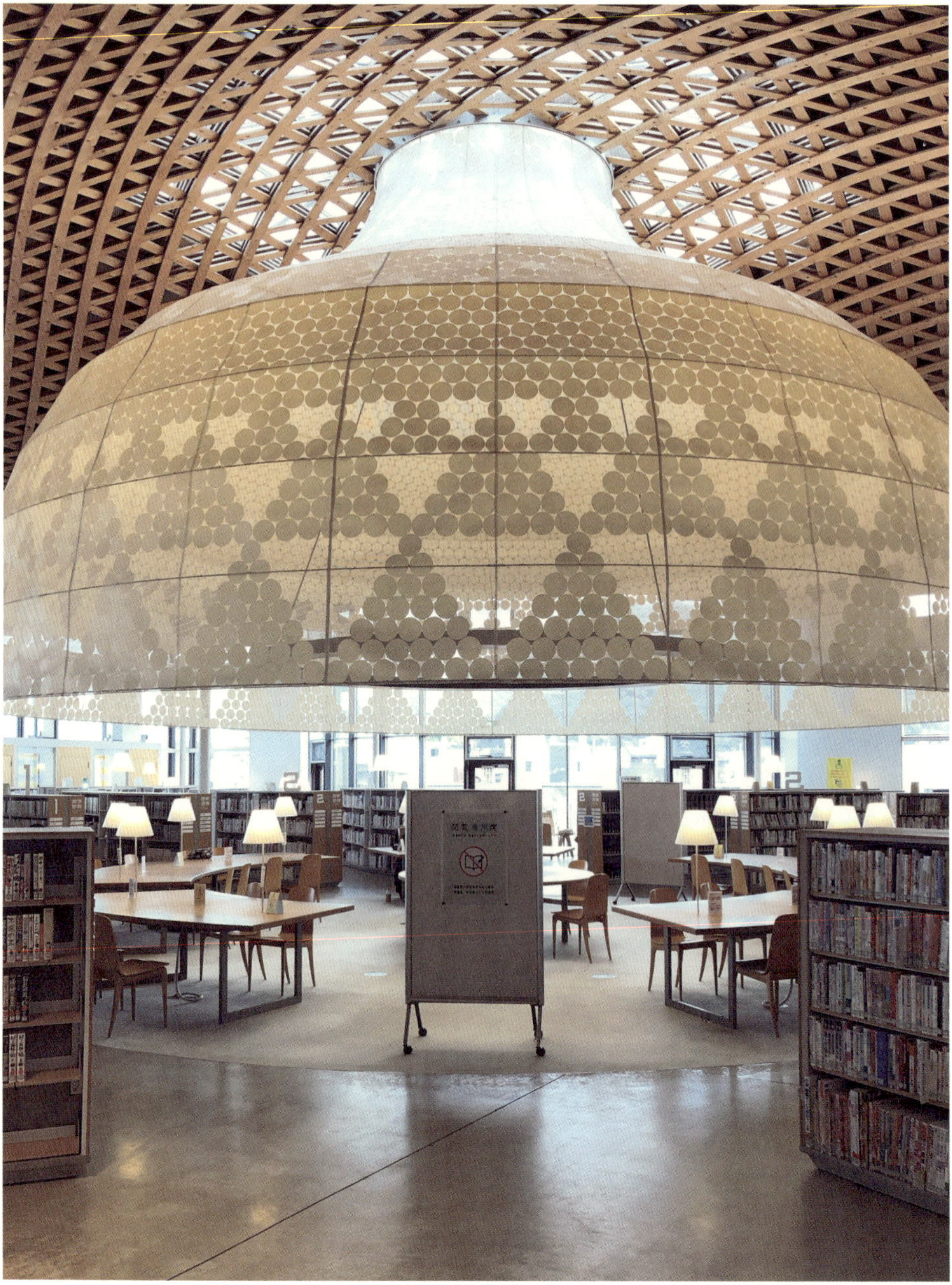

これからの図書館の在り方を示唆するとして「Library of the Year 2022」大賞受賞。
『みんなの森 ぎふメディアコスモス』（岐阜市司町40-5）

岐阜市雑感。

前に多治見に行った時は名古屋からだったので、ぼくはずっと愛知県にあるのだと考え違いをしていたのだが、多治見市は岐阜県にある。岐阜県には行ったことがないから、いい機会だと思い、岐阜市まで足をのばした。岐阜駅で降りて駅前に輝く黄金の信長像を見たとたん、岐阜には来たことがあるのを思い出す。各務原市、そして養老町の『養老天命反転地』に、それぞれ別の時期に用事があったのだった。しかし、岐阜市内を歩いたことはないはずだ。そんなだから、岐阜市に関する事前の情報はゼロである。

たまたま岐阜に行く直前に、ネット通販で古本を買った。届いた包みを見ると岐阜市にある古書店からで、注文した本の他に「美殿町《みとのまち》商店街」という立面地図が同封されている。面白い偶然だなと思い、この古書店の『徒然舎《つれづれしゃ》』という名前を憶えた。さらに、たまに行く家から近いカフェで、岐阜に行こうと思っていると話したら、「ぼくも用事があるので、タイミングが合えば一緒に行きましょう」と店の主人に誘われる。なんだか幸先がいいのである。

岐阜駅で待ち合わせ、カフェ主人の用事の相手が営むコーヒーハウスに行く。その彼のおかげで、なんの情報もない岐阜市が、がぜん楽しい場所に変わっていった。

ぼくがモダン建築好きだということを聞いているらしく、まずは坂倉準三が設計した『岐阜市民会館』へ行く。大ホールなど見てみたかったが、中に入ることはできなかった。坂倉が岐阜県羽島《はしま》の出身だということさえ知らなかったので驚いたし、とても得をした気分になった。ちなみに日をあらためて羽島市の市役所旧庁舎にも行った。こちらも坂倉の設計で、いずれ取り壊されるようだ。

歩きながら、岐阜市役所庁舎の2階にある食堂の

『古書と古本 徒然舎』（岐阜市美殿町40 矢沢ビル1、3階）。旅先であっても、もし時間があったら、大量に買ってしまっただろう。

『オゼキ』（岐阜市小熊町1-18）のショールーム。イサム・ノグチは「AKARI」を光の彫刻だと考えた。シリーズは200種類以上ある。

カレーメニューの充実度について聞かされて、食べてみなくちゃと思った。市役所の向かいにある『みんなの森 ぎふメディアコスモス』（通称メディコス）は伊東豊雄の設計である。中にある岐阜市立中央図書館が素晴らしい。最近わりと目にする、天井の高い建物に、手がまったく届かない高さまで書籍が並んでいる図書館とは違い、書棚は大人の背の高さより少し低いくらいに抑えられている。でも天井は高く、圧迫感のまったくない曲線に囲まれた、広く優しいスペースだった。

もうひとつ驚いたのは、イサム・ノグチがデザインした照明器具「AKARI」のシェードの部分は、『オゼキ』という岐阜提灯の老舗が製作していると知ったことだ。ショールームがあるというので行ってみる。そういえばぼくの家にもフロアランプ型の「AKARI」があって、ただシェードの部分が経年のため紙が破れているので使っていない。シェードだけを購入できるか確認すると大丈夫だという。思いがけない買い物が嬉しかった。イサム・ノグチは広島

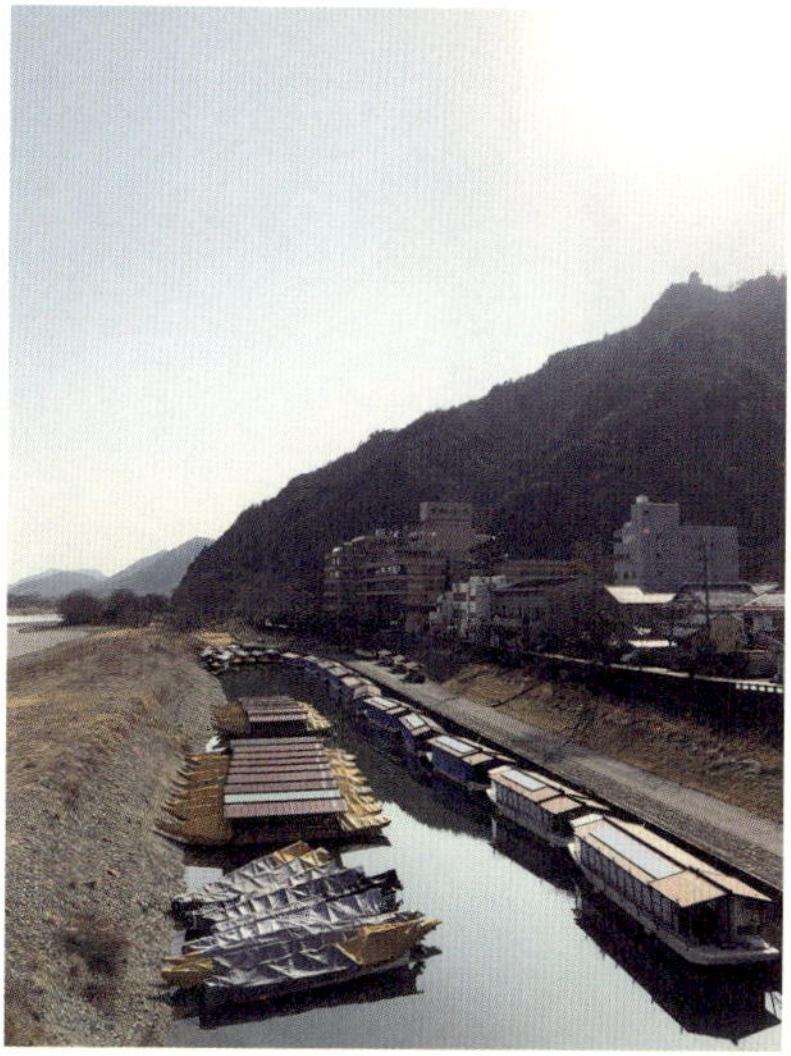

1300年以上の歴史を持つ長良川の鵜飼は、5月から10月の間に行われる。金華山の山頂に、1956年に再建された岐阜城天守閣が見える。

『岐阜市民会館』(岐阜市美江寺町2-6)の裏手から見た大ホールの外観。収容人数は1階と2階を合わせて1500人ほど。竣工は1967年。

へ行く途中に、長良川で鵜飼を見るために岐阜に寄り、提灯に興味を持ち「AKARI」をデザインしたのだそうだ。1951年だった。

岐阜市は名古屋駅から快速電車に乗れば20分ほどで着く。古いビルが建ち並び、外壁は色や形のきれいなタイル張りであるものが多く、そのトーンもきらびやかさがない分、なんだかゆったりと落ち着いた感じがある。古い建物を改装した新しい店もあり、このくらいの大きさの町がどれだけ暮らしやすいかが、なんとなく想像できる。もちろんこれは旅行者である自分の感想でしかないけれど、吸引力はあるような気がするのだ。これから住み始める新しい人たちが増えていき、何か面白いことが始まるのではないだろうか。ぼくは自分の生まれた町が好きになれずに、若い頃に飛び出してしまったけれど、大都会でなくても楽しい町はあると、最近はよく思う。

魅力的なアテで地酒を飲む。締めにうどんもあるし、日曜日はモーニング営業もしているようだ。
『かめやま』岐阜市玉森町20

いちばん人気だという冷やしたぬきを注文。天かすだけでなく油揚げも入っている。甘めのつゆ。
『更科』岐阜市京町3-4

店の奥で焼いたパンも並ぶコーヒースタンド。独特の食感のクロワッサンがとても美味しい。
『VAAT』岐阜市長住町5-3-10

どらやきやわらび餅だけでなく、もなかアイスも美味しそうだったので、思わず買い食い。
『ツバメヤ』岐阜市神田町4-13

そして朝日屋のカツ丼。どちらも食べるべきと言われて半分わけてもらったが、厚くカリッとしたカツにのった泡立てた卵。旨い。

うどんの店らしいのだが、ほとんどの人が注文するのは「中華そば」。だしは和風だ。
『朝日屋』大垣市東長町40

岐阜市役所庁舎2階にある食堂で、3種のカレープレートを。本格的で驚いた。まるでミールス。
『市役所大食堂』岐阜市司町40-1

イタリア料理と自然派ワインの店。シンプルだけど繊細な料理。そしてデザートが素晴らしい。
『Terra.』岐阜市西玉宮町1-20-2

モーニングはトーストにゆで卵。トーストはハムとジャムとあんこから選ぶ。シャガールの絵があちこちに。
『珍竹林』岐阜市玉姓町3-27

番外編

掛井五郎さんの彫刻

『京橋エドグラン』（東京都中央区京橋2-2-1）の22階に設置されている掛井五郎の彫刻「誕生」（1983）を、友人夫妻と観に行った。

彫刻を手に入れる。

ある日、家に封書が届いた。2019年の2月はじめだったと思う。差出人は佐伯誠さんという、ぼくが昔から尊敬している文筆家だ。中には短い手紙と八つに折りたたまれた印刷物が入っていた。その印刷物を広げてみると、表にはアトリエのような場所に杖をついて立っている男性のポートレイト写真、そして裏には「マエストロの手は止まらない」というタイトルで始まる、佐伯さんの文章が載っている。手紙を読む。「敬愛する彫刻家、掛井五郎さんのことをもっと若い人に知ってほしいという想いで『KAKEI Journal』の発刊を始めました」と書いてあった。

掛井五郎の彫刻は、それまでにひとつだけだが観たことがあった。友人が営む店に置かれていた。その作品について友人から話を聞いたこともあったから、名前を憶えている。その掛井五郎を、ぼくの尊敬する佐伯さんが敬愛していると知り、ちょうど近所のギャラリーで開催中だという個展を、とにかく覗いてみようと出かけた。

はじめてまとまった数を観ることができた掛井五郎の彫刻は、すべてが魅力的だった。言い方は悪いが、何かの形に見えるようにつくった感じがぜんぜんしない。とても自由でユーモラスなのだ。そして手にとってみたくなる。ギャラリーに並んでいた彫刻は、どれも片手で持ち上げられるような大きさだったのだ。もちろん触りはしなかったが、これが家にあったら楽しいだろうなとすぐに思った。値段の書かれた作品リストに目をやると、安くはないけれど、少し背伸びすれば、自分にも買えるんじゃないかと思える金額だ。

家に帰って、カミさんに素晴らしい彫刻を観てきたこと、それを欲しいと思ったのだが、買ってもいいものかどうか迷ってしまい、今日は帰ってきたと

掛井五郎さんの彫刻

2019年2月に『**ギャラリーTOM**』（東京都渋谷区松濤2-11-1）で開催された掛井さんの個展には、三度も行ってしまった。

突然に届いた『KAKEI Journal 第1号』は受け取って、すぐに部屋の壁に貼った。ポートレイトは飯田安国氏の撮影によるもの。

話した。カミさんは、「そんなに欲しいと思ったものを、買わずに帰ってくるなんて信じられない」とだけ言った。次の日もギャラリーに出かけた。そして掛井五郎の彫刻を家に迎え入れる決心をした。

誰かに作品を買ったことを自慢したくて、掛井五郎という名前を憶えるきっかけをくれた友人を呼び出した。手に入れた作品を観ながらいろいろ話していたら、彼が数カ月後に掛井さんの個展を自分の店で開催するので、そこで配布するリーフレットに、今回の買い物の話を書いてほしいと依頼されてしまった。佐伯さんのような文章をぼくが書けるはずもなく、始まった個展の場で、印刷された拙文を読んで恥ずかしくなった。

数日後にまた、友人から「掛井五郎さんと奥様が、展示を観てくれることになったので、その日にあらためて来てほしい」と連絡があった。佐伯さんも来るらしい。それだけで緊張が高まったけれど、やっぱりぜひ会いたいと思った。

その日の掛井さんは、『KAKEI Journal』に印刷さ

2019年6月に**『ポスタルコ』**（東京都中央区京橋2-2-1）で開催された掛井さんの作品展。ここで掛井さんと奥様の芙美さんにお会いした。

『ギャラリーTOM』でさんざん迷った末にぼくが購入したのは、ブロンズのこの作品だ。「夜空を歩く」（1998）

れていたポートレイトのように、杖をつき真っ直ぐに立っていた。そしてぼくの顔を見ながら、「この文章を書いたのはあなたですか？」と言う。恐縮しながら頷くと、「とてもいい文章です」と褒めてくれたのだ。天にも昇る心地というやつを、ぼくは何度も噛み締めた。

掛井五郎さんは、昨年の11月に91歳で亡くなった。ぼくはいま、パブリックな場所にある掛井さんの彫刻を、近いところから順番に観て歩いている。大きいものも小さなものも、どれも本当に素晴らしく、歓びという感情が自分の中に自然に湧いてきて、気づくと頬も緩んでいる。佐伯さんが考えていたように、もっとたくさんの人に掛井さんというマエストロのことを知ってもらいたいと思う。

「犬も歩けば足の上」(1990)。『東京芸術劇場』5階コンサートホール(東京都豊島区西池袋1-8-1)。近くの西池袋公園にも作品がある。

「聖なる手」(1982)。『日本基督教団銀座教会』(東京都中央区銀座4-2-1)。掛井さんはキリスト教信者であった。

これまでに観た、パブリックな場所にある掛井さんの作品を紹介。「喜び」(1983)。『京橋エドグラン』22階シャトルエレベーターホール。

「遠い人」(1979)。『玉川髙島屋S・C』(東京都世田谷区玉川3-17-1)。二子玉川駅から向かうと髙島屋の裏手の通りにある。

「風の中」(1991)。『東京都庁都民広場』(東京都新宿区西新宿2-8-1)。他の作者の彫刻も並ぶなか、掛井さんのユニークさが伝わる。

「地下水」(1995)。播磨坂中央緑地帯(東京都文京区小石川4丁目と5丁目の境)は、小石川植物園に近い桜の名所。

「バンザイ・ヒル」(1976)。『中原悌二郎記念旭川市彫刻美術館』(北海道旭川市春光5条7丁目)。写真中央の両手をあげた女性の像。

「三人三様」(1991)。『大井ふ頭中央海浜公園』(東京都品川区八潮4-1-19)。写真は三体一組の作品のうちのひとつ。

「箱人」(1983)。『そごう横浜店』(神奈川県横浜市西区高島2-18-1)。横浜駅東口ポルタ地下街中央通路を直進した玄関広場にある。

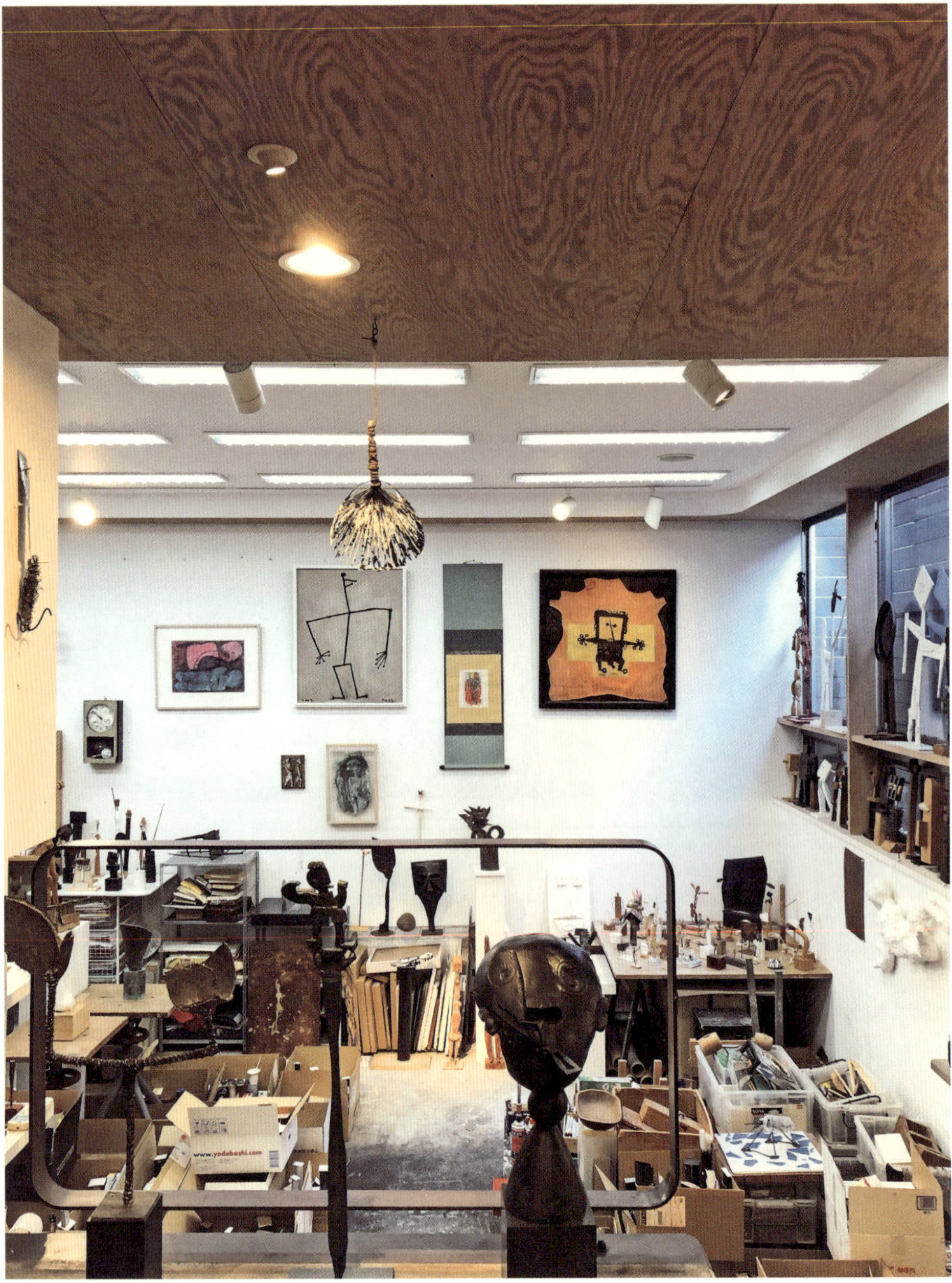

掛井さんのアトリエ。床に置かれた段ボール箱の中にも、晩年に好んで
つくっていた筒状の厚紙を使った作品が、山のように入っていた。

彫刻家のアトリエへ。

掛井さんの彫刻を手に入れてしばらく経った頃、「小淵沢にある掛井さんの倉庫へ一緒に行きましょう」と、佐伯さんから誘いがあった。折あしく、その見学の日には先約があって、参加を断念した。何故断ってしまったのだろうと、後になって悔やんだ。

掛井さんが亡くなった昨年以降も、佐伯さんは折に触れて連絡をくれた。それで、思い切って、掛井さんのアトリエを観られないだろうかと相談してみたら、数日後に大丈夫という連絡をもらった。前に行き逃した、小淵沢の倉庫のつもりでお願いしていたのだが、約束の日時と場所を書いたメールには、都内の住所が記されている。倉庫ではなく、アトリエとご自宅に行けるということらしい。「奥様の芙美さんにお会いできるかもしれません」と書き添えられていた。

約束の日、ドアの呼び鈴を押すと、佐伯さんと掛井さんのご子息である掛井隆夫さんが現れ、敷地の中に迎え入れてくれた。建物は2階建てで、1階がアトリエのようだ。アトリエには所狭しと作品が並べられている。作品と呼んでいいのだろうかというものもある。壁にかけられた柱時計の文字盤にさえ目玉のようなものが描き加えられ、この空間を楽しいものにしている。もちろん、掛井さんの作品がすべて歓びという感情がもとになってつくられているわけではないが、悲しみや嘆きや苦悶をも包み込む潑剌としたエネルギーがあるから、こちらまで生き生きと明るくなってくるのだ。ぼくは気の置けない愉快な仲間に囲まれたような気持ちに浸っていた。

2階に続く階段から芙美さんが声をかけてくれたので、一段一段ゆっくり上がる。階段の横の本棚に並ぶ本の背表紙も、一冊残らず確かめ記憶したくて

ベッドサイドに飾られていた作品。可愛らしさと同時に厳かな雰囲気もあわせ持っている。ぼくが見た瞬間に好きになるタイプのもの。

手近な素材を使った小さな作品からも、手を動かしてものをつくることの根源的な歓びと茶目っ気が滲み出て、観る者に伝わってくる。

仕方がなかった。「最近はいつもここでつくっていました」と指し示された場所には、驚くほど小さなテーブルと椅子が置かれていた。目覚めるといつも、手を動かして何かしらつくっていたのだそうだ。2階にも小さな彫刻や絵や版画や、落書きのようなものまでが飾られているが、下のアトリエに置かれたものがたくさんの人に呼びかけているような感じだとしたら、この部屋にあるものが発する声は、もう少し小声で、もっと親密だと感じる。

コーヒーをいただきながら、芙美さんの話を聞いた。掛井さんと芙美さんが出会ったのは第二次世界大戦終戦後、二人が18歳の時。場所は、芙美さんのお母さんが営んでいた『ボレロ』という名前の酒場だったという。しばらくして結婚をしようと思ったけれど、芙美さんの父親の反対で、かなうまでには9年の月日が流れていた。

芙美さんが古い紙の束を見せてくれた。それはバイオリンを演奏する芙美さんが、先生の持物を手で書き写した楽譜集だった。「こうやって、裏に絵を描

掛井五郎さんの彫刻

地面から真っ直ぐ伸びた木のように立つ掛井さんと、そばに寄り添う芙美さん。
部屋の壁に貼られていた写真。（取材協力・掛井五郎財団）

掛井さんが芙美さんのためにつくった愛らしいオブジェ。それを収める箱のデザインを含めて、ぼくは掛井さんの最高傑作だと思う。

晩年の掛井さんは、この小さなテーブルで制作を続けたという。小さな作品ばかりになったが、作品が語りかけてくる力は変わらない。

いていくんです」と裏返された楽譜には、掛井さんの描いたデッサンがある。裏ばかりでなく表に描かれたものもあった。さらに、紙でできたボックスも見せてもらう。箱の表は掛井さんの手でデザインされていて、中には小さな彫刻のような、おそらくペンダントヘッドと思われるオブジェが整然と並べられていた。その箱は掛井さんから芙美さんに贈られた宝石箱なのである。

2階に置かれたものから、より親密な囁きのようなものを感じたのは、つまりこういう理由からだったのかなと思う。そういえば、ぼくが好きになった芸術家は、猪熊弦一郎にしても、アレキサンダー・ジラードにしても、みな「超」の付く愛妻家であった。掛井さんもそうだったと知れて嬉しくなる。掛井さんがつくるものには優しさがあって、そこに邪気はなく、人を笑顔にする力が備わっている。ぼくらの住む世界は理想通りに進んではいないけれど、それでも未来は明るいのだと信じる力を与えてくれる。

オホーツクへ

窓辺に並んだ渡辺北斗くんの木彫り。京都のギャラリーで観た作品も素晴らしかったが、こちらもまた強く惹きつけるものがある。

去年の11月に東京で観た大竹伸朗展で、作品の中に「別海」の文字を
見つけた。大竹にとってもここは大事な場所なのに違いない。

別海にて。

北海道のオホーツク地方へ行く前に、別海《べっかい》を訪ねたかった。別海は根室市の北隣にある町だ。別海に行くのは2度目である。はじめての時も、ここウルリー牧場に来た。渡辺北斗くんがこの牧場の持ち主。酪農家に会うのはその時がはじめてだったが、酪農についてはほとんど話さず、北方民族の木偶や熊の木彫りなどが話題の中心だった。ぼくも、ホピ族のカチナドールへの興味が深まっていた頃だったからか、世界中のあらゆるところにぼくらの関心は飛びまわり、話がはずんだことを憶えている。

木の彫り物が好きな牛飼いだった北斗くんの個展が、去年、京都のギャラリーで開催された。彼にははじめて会った日からしばらくして、自身でも木を彫り始めたことは知っていたが、それが個展を開くまでのものになっているとは想像していなかったので、驚きとともに、ぜひ観たいと思い、京都へ向かった。

展示は素晴らしい内容だった。北斗くんの作品はアートでもクラフトでもなく、それこそ自分が信じる何かのために彫られたであろう木偶のようだった。形が似ているということでなく、その彫り物の背景に、まず北の暮らしや歴史や神話があると感じさせる、彼独自の表現になっていると思った。そしてまた彼に会いたくなった。

到着時間を知らせると、「その時間はまだ作業が終わっていないから、勝手に中に入っていてください」と返事があった。それだけでぼくは嬉しくなった。彼にはまず暮らしというものがあるのだ。作業の合間に彼の手から生み出された木彫りが、完成しているのか途中なのかもわからない状態で窓辺に並んでいる。しばらく眺めていると、窓ガラスの向こうに、歩いてくる北斗くんの姿が見えた。

斜里〜常呂〜網走。

ウルリー牧場をおいとまする時に、この後の予定を訊かれて、斜里《しゃり》を経由して北見まで行き、その翌日に網走に行くつもりだと答えたら、北斗くんが常呂《ところ》町にも寄るべきだと助言してくれた。そこには砂澤ビッキの木彫りがあるとのことだった。ならば、常呂町にも寄ることを決め、まずは斜里町を目指す。斜里町は知床半島にある町で、ここからオホーツク地方になる。斜里にある『北のアルプ美術館』に行きたいのだ。

『アルプ』というのは、詩人で哲学者の串田孫一が責任編集を務めた雑誌で、1958年に創刊され、1983年に発行された300号をもって終刊となった。ぼくも20年くらい前に、近所の古書店で手に入れた数冊を、いまも大切に持っている。

この『アルプ』の創刊号を、斜里の書店で手にした山崎猛《たけし》は、その内容に衝撃を受け、のちに写真を撮るようになり、『アルプ』に寄稿するうちに串田孫一とも交流をするようになった。『アルプ』が終刊となった年に、当時は会社経営者となっていた山崎が、串田に「アルプの精神を次の世代につなげたい」という手紙を送ったことがきっかけとなり、1992年にこの私設美術館が開館したのだそうだ。館長はもちろん山崎だった。

この美術館には雑誌『アルプ』をはじめ、関連する資料・文献、そして畦地梅太郎の版画や田淵行男の写真などの作品が展示されている。ちょうどタイミングよく、『アルプ』の全号を展示していて、同行の友人たちは自分の生まれた年の誕生月の号を探したりして楽しんでいた。ここには、串田孫一邸の居間と書斎が移設復元されている。蔵書に積もった埃ひとつはらわずに、東京・小金井から斜里に運ばれてきたのだという。

オホーツクへ

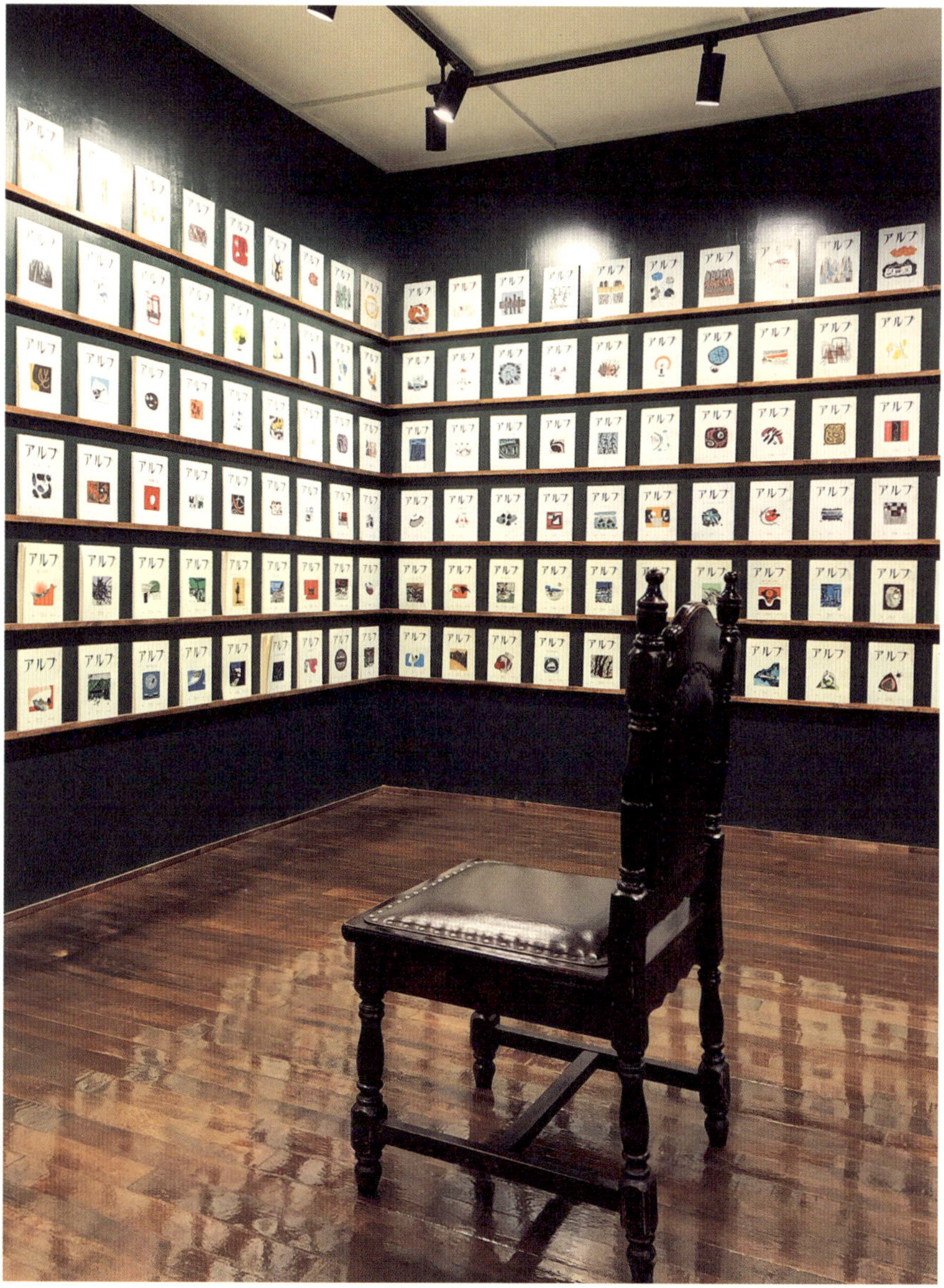

『アルプ』全号を展示していた部屋。展示物とは別に揃えられた『アルプ』全号の閲覧も可能だ。表紙の絵を観るだけでも楽しい。建物はもともと三井農林が社員寮として建てたもの。斜里は冬になると流氷が接岸する町。
『北のアルプ美術館』(斜里郡斜里町朝日町11-2)

東京・小金井から移設した串田孫一の書斎。雑然としているようで、きちんとした美意識があってそこに在るということが伝わってくる。

ちょうど美術館30年の歩みも展示されていた。15歳から斜里の書店に住み込みで勤めていた山崎猛の『アルプ』愛が生んだ場所だ。

2階の廊下にも2点の作品があった。砂澤ビッキは1931年、旭川生まれの彫刻家。1989年没。別海の北斗くんがぜひと言った意味がわかる。

斜里町の次に常呂町（合併によって現在は北見市）に寄った。予定になかった常呂町を加えた理由はこれを観るためだった。

『北海道立北方民族博物館』（網走市潮見309-1）は、北海道を含む北方圏の歴史や相互関係を調査研究し、その成果を展示する。

『北見市常呂町多目的研修センター』（北見市常呂町土佐2番地1）の2階から、1階に設置されたビッキの彫刻作品をあらためて眺める。

ウイルタ族が守り神とした木偶は「セワ」と呼ばれる。北斗くんは、このウイルタのセワに大きな影響を受けたようだ。

天井までそびえるトーテムポールが迎えてくれる常設展示室。さまざまな生活用具や精神世界にまつわる展示を通して、そのつながりを探る。

大西さんは40歳を過ぎた頃にハワード・フィンスターの作品集を見て、
自分もいつか自分のための楽園をつくろうと思っていたのだという。
『シゲチャンランド』（網走郡津別町字相生256）。5月初旬から10月下旬
まで、土・日・月・火の午前10時から午後4時までオープン。

シゲチャンに会う。

シゲチャンに会いたいと思った。弟子屈の『山椒』という店が発行するリトルプレス『北海道と京都とその界隈』を札幌で手に入れたのは7年前だ。津別町にあるという『シゲチャンランド』が紹介されている。シゲチャンという人がつくった私設美術館。いつか絶対に行かないといけない場所だと、即座に感じた。

シゲチャンこと大西重成さんは、50歳で故郷の津別町に戻ってシゲチャンランドを始めるまで、東京でイラストレーターとして活躍していた。ぼくは一時期、「モスバーガー」が好きだったのだけれど、その理由の大きな部分を占めていたのは、モスバーガーが発行する『モスモス』という冊子だった。この表紙とイラストを担当していたのが大西さんだと知って、シゲチャンランドに行かなくてはならないという思いは、ますます強くなった。ようやく7年越しの夢がかなうのだと、前の晩は珍しく遅くまで飲んだ。

国道240号線を走っていくと、前触れもなく赤い建物群が見えてくる。そここそが、大西さんが8千坪の牧場跡地を購入し、奥様のココさんとふたりで4年かけて牛舎やサイロをこつこつと改修した末に、2001年に自分の作品を制作・展示する場所としてオープンしたシゲチャンランドだった。

迎えてくれた大西さんの後について、ぼくはこの夢の王国に入っていった。敷地内に点在する展示館には、それぞれ身体の部位の名前がつけられている。原野や海岸で拾った動物の骨や流木が、大西さんの手によってオブジェに生まれ変わり、新しい生命を吹き込まれているようだった。熱に浮かされるようなワクワク、ドキドキは、ランドを出た後も何日か続いた。こんな体験ははじめてだ。

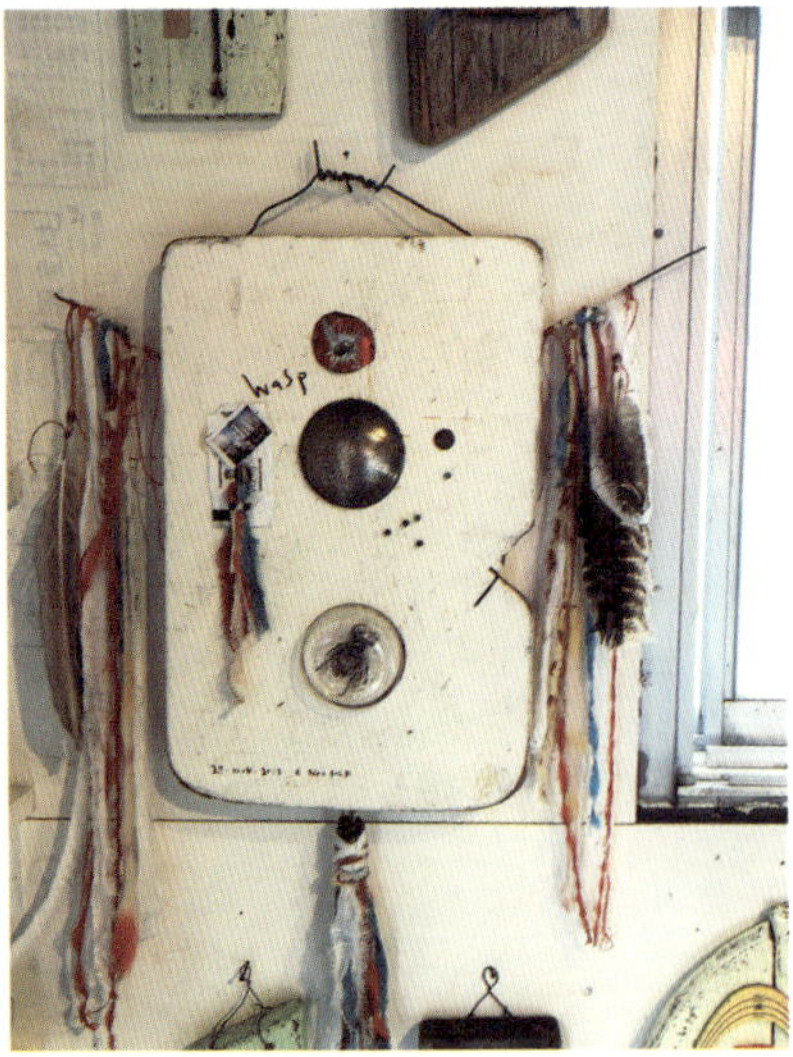

缶を切ったもの、布を切り裂いたもの、鳥の羽などで作られた立体コラージュ。シゲチャンランドそのものも巨大なコラージュ作品なのだ。

『Shoulder House』内部。海岸で拾った漂流物などを使った小さな作品が並ぶ。漂流物の形から何かを発見する楽しさに満ちている。

背の低いサイロが『Mouth House』。内部には椰子の実と枝を組み合わせた作品が並び、「ナノナノ族」という名前が付けられている。

『Left Hand House』の内部。すべて天井から吊るされている。全体のバランスがすごい。ちなみに「右手」の内部は塔型の作品。

『Head House』内部にある「タワーレコード」という作品。シゲちゃんの過去の、とりわけカラフルでポップな作品が並ぶ展示室。

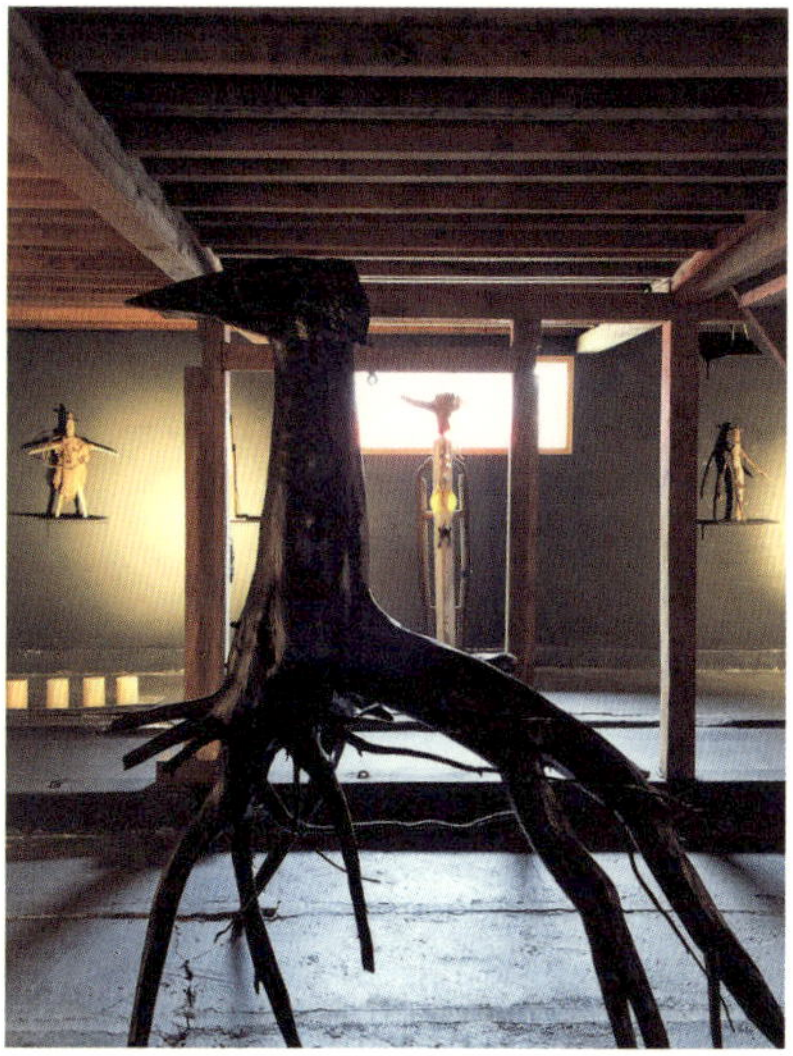

『Nose House』内部。荒波に揉まれた木の幹などを使った作品の迫力は、見る者を怖がらせるほどだ。ランドの見どころのひとつ。

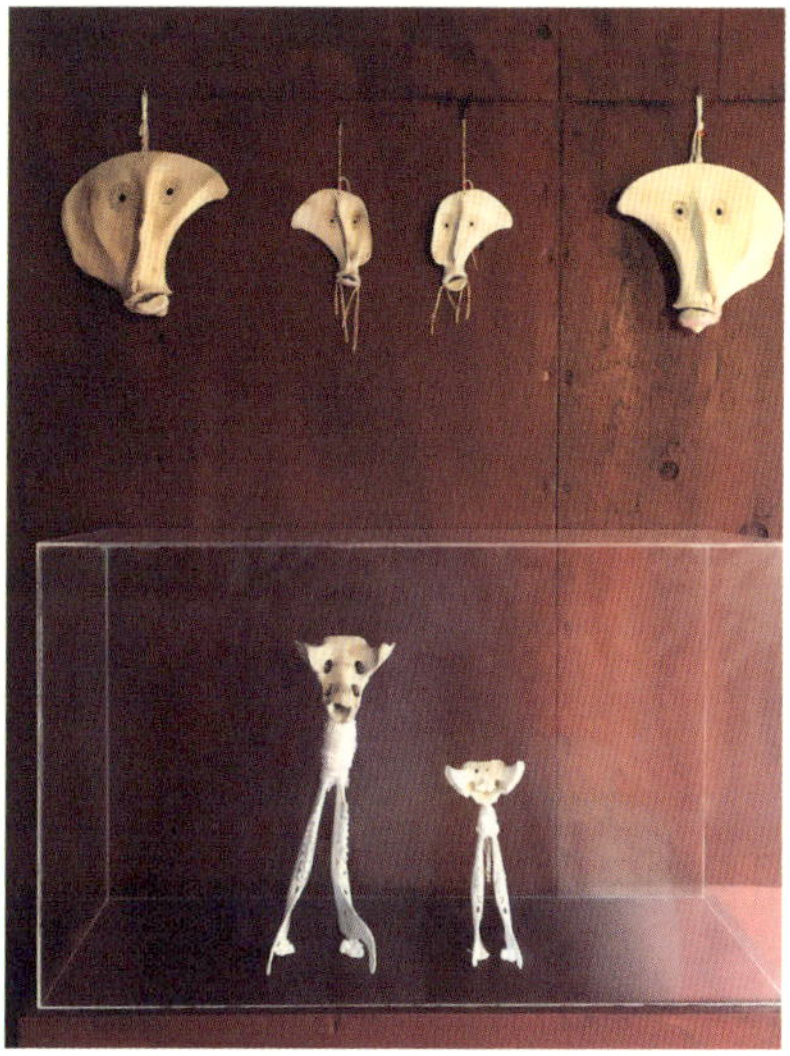

『Bone House』の内部。どんな動物のどの部位の骨なのだろうか。何かに生まれ変わるまで、ただ見ているだけの時間が大切なのだそうだ。

同展示室にあった赤い太陽。笊を使っている。何気ない日用品が、こんなに陽気なオブジェに変化するなんて。

美味いもの、別海から北見まで。

斜里に向かう途中に弟子屈に寄り道。農家などが倉庫に使うD型ハウスが店舗、隣にはビニールハウス。自社農園と契約農家がつくる野菜たっぷりのランチとコーヒーを。
『THINK'A』

別海町で昼ごはんを。スパイシーキーマを注文。食後にレモンケーキ。ミュージックショップ『PICKUP』も併設されていて、欲しいレコードもあったが、旅は始まったばかり、諦めた。
『オンカフェ』 野付郡別海町別海旭町67-3

売り切れ仕舞いの店なので早めに行くと、もう行列があって、ギリギリ一巡目に入れた。細切りと田舎そばの二種盛りにホタテのかき揚げを。
『そば切り 温』 網走市字呼人190-1

砂澤ビッキ作品を観た後の昼ごはん。生ちらしを。壁のポスターやサインを見て、ようやくカーリング・チーム「ロコ・ソラーレ」の地元だと気づく。
『松寿し』 北見市常呂町常呂325-18

ロック魂炸裂の素晴らしいバー。北見3泊のうち2晩行ってしまった。
『ロック座』 北見市北5条西3丁目2-1 スカイビル3階

東京で仲良くしていた友人が郷里・北見に開いた菓子製造所。派手やかさはないけれど美味しい焼き菓子。ウェブで通販するスタイル。
『TORFUTA』
torfuta.com

美幌の自家焙煎コーヒー店。古い住宅を改装した内装がとても落ち着く。
『喫茶室 豆灯』
網走郡美幌町仲町2丁目80-1

仙台へ

仙台藩初代藩主の伊達政宗。戦国武将に興味がなくても三日月形の前立ての兜は印象に残るだろう。「伊達者」≒お洒落な人といわれるゆえん。

美しい景色に、無粋と思える柵や手すりなどがまったくない。
ただし両側は海なので怖さはもちろんある。
「馬の背」（宮城郡利府町赤沼櫃ケ沢）

杜と海。

仙台市は杜の都だ。仙台に行ったことがなかった若い頃から、そこが杜の都なのだと思っていたのは、井上ひさしの青春小説『青葉繁れる』や、さとう宗幸の歌「青葉城恋唄」の影響だ。はじめて訪れたのは、たしか1998年だったのではなかったか。それからときどきこの街に来るようになった。でも、青葉城址＝仙台城跡へ行くことはなかった。観光名所を避けるのが、旅の上級者だという思い込みのせいだろう。

何年も来ていなかった仙台を久しぶりに訪れたのは、2022年だった。案内をしてくれた友人が、着いて早々に「仙台にも掛井五郎さんの彫刻があります」と言った。それならば、まずそこへ行こうと思った。ひとつは『宮城県美術館』の敷地内にあった。建て替えのために美術館が取り壊しになるという案が、市民の反対で改修するという話に決まった後だったはずだ。そしてもうひとつは、『せんだい農業園芸センター』という場所にあった。そこへ行く途中、車を運転する彼が、「3・11の時は、このあたりも津波の被害があったんです」と言った。恥ずかしながら、ぼくはこの時にようやく、仙台市が海に面していることを知ったのだ。仙台に海のイメージを持っていなかったと言ったら、友人は「住んでいる人も普段はその存在を忘れているかもしれないですね」と答えた。

今回もこの友人が案内してくれることになっている。ぼくは事前に松島に行ってみたいと伝えた。典型的な観光名所を避けることを、いまはもうしない。滞在中の天気が良い日に行こうと計画する。それから、前に連れていってくれたふたつの掛井五郎作品も観たいとお願いした。宮城県美術館は改修のため休館中だというので、農業園芸センターへ行った。前

掛井五郎の彫刻「道香」(1992年)が設置された『**せんだい農業園芸センター**』(仙台市若林区荒井切新田13-1)は、1989年に開園。

開発が進み、杜の都もずいぶんと変わってきているようだ。下に見える空き地は、かつて戦災復興住宅があった追廻地区。

回は気づかなかったが、敷地内にレストランがある。昼食時だったので、中に入りスパゲッティを食べた。なんの飾り気もない空間なのだが、この場に居る人たちの誰もがのんびりと過ごしており、ぼくはすっかりこのレストランが気に入ってしまった。きっと次回もまたここへ来るはずだ。

実は松島には仙台に到着してすぐに向かった。素晴らしい晴天の日になったからだ。友人は松島に行く途中に、もっと好きな場所があるのでそこを案内したいと言う。もちろん異論はなかった。「馬の背」を目指して、仙台市の北東に隣接する利府町に向かう。

馬の背は250メートルほど海に突き出した桟橋のような場所だった。先端まで歩いていけるのだが、観光地らしい整備はされていないため手すりなどはない。松林に囲まれた急坂を用心しながら下りて、馬の背の根元まで来る。道幅はかなり狭く、両側は海で、足がすくむがゆっくりと歩き始める。先のほうへ行くほど幅が広くなってくる。先に先端まで行

坂道を下りる時、馬の背へ続く松林の切れ間から海が見えるが、それに気を取られていては、足元が危ない。細心の注意を払って歩く。

敷地内にある『旬菜×パスタ DACCHA』は、地域の旬の食材を使った様々なパスタを提供する。季節の花などを愛でた後に寄る人が多い。

った人たちが写真を撮っている。聞くと、先端の手前の段差が大きく、かなり難儀すると教えてくれたので、ぼくらはそれ以上進むのを諦めた。でも、そこからの眺めも素晴らしいものだった。風もない日だったから波もほとんどない海の向こうにたくさんの小島があり、その合間を縫うように観光船が往来している。ぼくらはこの景色だけで充分に満足し、来た道を戻った。

そこからさらに北上し、松島へ行く。平日だったが、多くの観光客がそぞろ歩いていたし、観光船の出航を待つ人たちの行列もできていた。「乗りますか？」と言われたが、それよりもたくさん並んでいる店のどこかに入って、甘い物が食べたい気分だった。結局、ぼくらはソフトクリームの看板に誘われるように、茶店に入った。

馬の背で美しい海を見た翌日に、青葉山公園に行き、伊達政宗の騎馬像を背に遠くを眺める。街並みの向こう、あの雲の下のあたりが水平線なのだと思った。

記憶／記録。

ケヤキ並木が美しい定禅寺《じょうぜんじ》通に面した『せんだいメディアテーク』の開館は2001年1月だったという。ぼくは開館してわりとすぐにここへ来たことがある。当時は建築家・伊東豊雄によるユニークな構造が注目を浴びていて、マスコミでは、よく「仙台の新しい顔」というような紹介のされかたをしていた。それから20年以上過ぎての再訪で強く感じたのは、この公共施設が、以前よりもさらに市民のための場所になっているということだった。「3がつ11にちをわすれないためにセンター」（略称・わすれン！）が2011年5月3日に開設されたことが大きいはずだ。記憶が薄らぐ前に記録しておくという活動が、写真や映像や音声などのメディアを駆使して行われている。メディアテークでこれから始まる展示も、記憶と記録に関わるものだったが、観られなかったことが残念。

記憶といえば、2015年に行った塩竈市の公民館が忘れられず、あらためて見てみたいと思っていた。友人もこの施設を知っていて、しかも知り合いが関わっているとのことだった。正しくは『塩竈市公民館本町分室』大講堂という。前に来た時は、梁のない、逆さ懸垂曲線の構造を見て鉄骨だと思っていたのだが、木造の建造物だったことに驚く。隣の管理棟には「談話室」と呼ばれる喫茶ルームがあって、ちょっとした書籍コーナーも設けられている。そこでコーヒーを飲んでいると、地元の方々が次々に訪れて談笑していく。ここも小さいながらコミュニティーセンターの役割を担っていることに気づく。管理棟の2階にある『杉村惇美術館』で作品を観ているうちに、自分の住んでいる街で、同じような機能を持った施設は、どれにあたるのだろうという疑問が湧いてきた。

1993年の計画では美術ギャラリーと図書館の複合施設を予定していたようだ。
『**せんだいメディアテーク**』（仙台市青葉区春日町2-1）

チューブは各階を貫いているが、柱が建物の四隅にだけあるわけではない。柱は海中で揺れる海藻をイメージしたものだという。

プレート（床）と不規則に並ぶ13本のチューブ（鉄骨独立シャフト）で構成された建物。外壁は二重のガラス。『せんだいメディアテーク』。

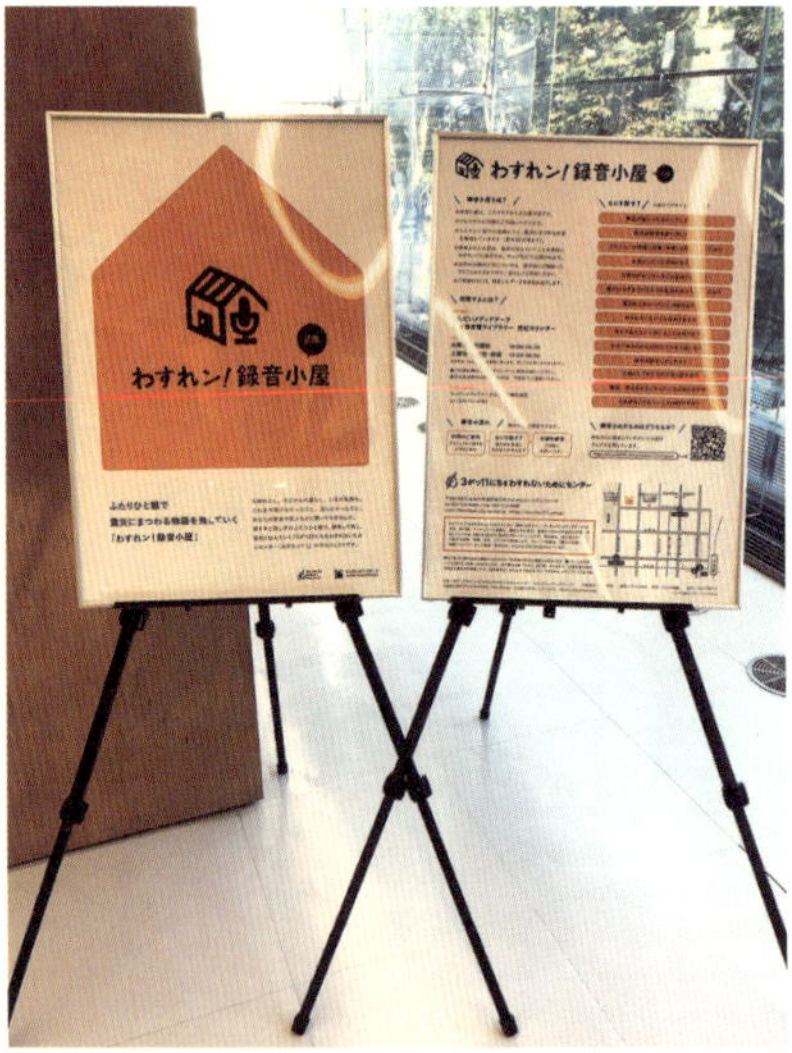

「わすれン！録音小屋」に関するパネル。二人一組で、当時のことやその後の変化について話し、録音して保存・公開するプロジェクト。

東日本大震災の際の館内被害に関するパネル。図書館の蔵書は書棚を飛び出して散乱し、建物は外壁二重ガラスの内側の一部にひびが入った。

集成材によって木造のアーチを実現している様子がわかるよう、内部が見える作りにしてあった。大講堂の竣工は1957年である。

にわかにはオール木造だと思えない、美しい曲線を描く天井を持つ大講堂。**『塩竈市公民館本町分室』**（塩竈市本町8-1）

杉村惇（1907-2001）は東京都出身の洋画家。1946年に、疎開先だった仙台から塩竈に移り、1965年まで住んだ。仙台市名誉市民。

『塩竈市杉村惇美術館』は公民館本町分室管理棟を改装し、2014年に開館。杉村の作品展示の他に、市民利用の場としてプログラムを行う。

いつか見た景色。

コーヒーが飲みたくなって、友人にそう伝えたら、喫茶店ではないが、前から行きたいと思っている書店があり、そこでもコーヒーが飲めるという。なんだか興味が湧いたので、連れていってもらった。『曲線』という店だ。店があるとは思えない細い路地を入っていくと、奥に一軒家があった。そこが目的地らしい。

　中に入ると先客がカウンターでコーヒーを飲んでいた。思ったよりも広いが、本に埋もれたというような空間ではなかったから、かえって、厳選されたのであろう本をゆっくりと眺めることができる。

　見たことのある写真が表紙に使われている本があった。その写真はせんだいメディアテークで気になった、次回展示の告知ポスターで使われていたものと同じだった。展示を観ることができないかわりに、この写真集を買おうと思った。

『細倉を記録する寺崎英子の遺したフィルム』（寺崎英子写真集刊行委員会編、荒蝦夷発売）。書店で偶然見つけられたのは幸運だった。

　１９４１年に旧満州で生まれた寺崎英子《てらさきえいこ》が、終戦後に住んだ宮城県鶯沢《うぐいすざわ》町細倉（現在の栗原市）を撮影した写真を編んだものだった。細倉は鉱山の町らしい。表紙に使われた写真を見た瞬間から、何か懐かしさのような感情が湧いてきたのも、そのせいだった。ぼくも北海道の炭鉱町の出身だ。細倉は鉛、亜鉛、硫化鉄を主に産出していたという。閉山は１９８７年だった。

　この写真集は１９８６年から１９９９年の間に撮

影された写真で構成されたものだ。ちなみにぼくが故郷に住んでいたのは、１９５４年から１９７３年までで、閉山は１９８２年だった。年代も違うし、産出していたものも違うのに、どの写真も猛烈に懐かしさを感じさせる。同じような景色を子供の頃に見ていたような気がするのだ。二度と戻ることはないと思っていた郷里に帰りたくなった。

築120年という古民家をリノベーションした店舗に、新刊が並ぶ。コーヒーも美味しかった。
『曲線』（仙台市青葉区八幡2-3-30）

ぶらぶら、のち、ペコペコ。

自然派ワインを飲みたくて。内装もスタッフも若い感じ。
『47ag』
仙台市宮城野区榴岡4-4-16

奥の個室のような席に座れてラッキー。**『カフェ・ド・ギャルソン』**仙台市青葉区国分町3-2-2 及川ビル2階

ヒレかつが美味しかった。次はカツ重を食べるつもり。
『かつせい』
仙台市青葉区北目町7-25

仙台藩主・伊達政宗の遺命により建てられた霊屋を見る。
『瑞鳳殿』
仙台市青葉区霊屋下23-2

洒落た割烹の昼定食。
『里の味 井上』
仙台市青葉区立町26-19 井上ビル3階

朝蕎麦を食べる。いつもざるかかけか迷う朝食セット。
『imosen』
仙台市青葉区一番町4-5-11

ボリュームがある食事メニューもいいが、ぼくはなんといってもドーナツ。
『HEY』
仙台市青葉区片平1-1-11

朝市の奥にあるコーヒー店。隣のパン屋でサンドイッチを買って持ち込むと素敵な朝食になる。仙台朝市ビル**『110(イトー)coffee』『マルモ』**(仙台市青葉区中央4-3-28)

仙台に行くなら必ず行きたい店。ワインの選びも肴も最高。ここに寄らないと仙台に来た気がしない。
『のんびり酒場ニコル』
仙台市青葉区大町2-11-1

洋服や小物、雑貨も扱っているが、ぼくの目的はこの店のコーヒーなのだ。
『FOLKS』
仙台市青葉区一番町2-10-26

仙台でおでんといえば、この店なのだそうだ。
『おでん三吉』
仙台市青葉区一番町4-10-8

カレーが美味しいからと連れて行かれたが、満腹につき諦める。店内に流れていた音楽が気に入ってCDを買った。**『喫茶ホルン』**(仙台市青葉区立町26-17 小野ビル202)

弘前へ

中央弘前駅は弘前市吉野町にある。南津軽郡大鰐町と弘前市を結ぶ、弘南鉄道大鰐線の終着駅である。昭和27（1952）年開業。

弘前の中央。

前に盛岡へ行った時に、奈良美智さんの展覧会が観たくて、東京へ戻る前に弘前に寄ったことがある。寄ったと言っても盛岡からさらに北へ向かったわけだ。時間があまりなかったので、ＪＲ弘前駅からタクシーで美術館に直行したから、展覧会以外は特に印象に残っていない。ただどうしてだか、この町にはもう一度来なくてはならないと思った。

友人のつてで弘前のことを教えてくれる人が見つかったので、あらためて弘前を知りたいと思った。まず弘前駅から美術館まで歩いてみた。地図で確認すると美術館の近くに中央弘前という駅がある。中央なのだからさぞかし立派な駅舎なのだろうと思っていたが、拍子抜けしてしまうほどに小さな建物だった。美術館は駅舎の裏手だが、ホームの横に通り道が設けてある。改札の脇から入れて、美術館への近道になっているようだ。陽光が降り注いでいて眩しいくらいの待合室に入り、そこにあった椅子に腰掛けてみた。壁の上のほうに絵が何枚か飾られている。ねぷたの山車に使われている錦絵なのだろうか。天井から金魚のような提灯も吊るされている。時間帯なのか、他には誰もいなかった。しばらくそのままぼんやりとした時間が静かに流れていくだけだった。「ここが弘前の中央か」とあらためて思う。ただ名前だけのことかもしれないが、ここが町の中央だとしたら、弘前はなんと愛らしい町だろう。

折り返しの電車が到着したようで、改札から何人かが待合室に入ってきたのを潮に、席を立つ。外に出て、ホーム脇のまっすぐな小道を歩く。ホームの柱のあたりに、こけしの絵が描かれた灯籠型の大きな提灯が置かれている。夜には明かりが灯るのだろう。まだどこも見ないうちから、この町が好きになった。

弘前へ

中央弘前駅。りんご畑鉄道と書いてある。
10分ほど走ると左右にりんご畑が広がるらしい。
収穫前の実ったりんご畑を見たいなあ。

泊まっていたホテルの窓からも岩木山が遠くに見えた。
津軽富士とも呼ばれている。毎朝、この山容を確認して一日が始まった。

前川建築を観ながら弘前を歩く。

中学校の修学旅行で弘前に行ったことがある。弘前城だけが記憶に残っている。城を中心とした弘前公園は観光客も多いが、市民にとっても憩いの場所なのだとわかる。

次の目的地に向かう途中に見かけた建物。あとで調べたら1936年に建築された『茂森会館消防西第一分団屯所』だった。

新潟生まれの前川國男の建築が弘前に多いのは、彼の母親が旧弘前藩士の家系だからだ。1932年に落成した**『木村産業研究所』**は前川のデビュー作。現在は伝統工芸「津軽こぎん刺し」の普及に努める**『弘前こぎん研究所』**として使用されている。（弘前市在府町61）

散策中に雨が降ってきたが、やんだら空に虹が架かった。

弘前には前川の晩年の作品もある。1983年竣工の建築。**『弘前市斎場』**（弘前市常盤坂2-20-1）

内科 小児科だった古い建物を利用した『**PPP**』(弘前市百石町小路3)という店。ヴィンテージ家具や雑貨の販売、修理をしている。

弘前公園の一角にある『**市民会館**』(弘前市下白銀町1-6)も前川作品。竣工は1964年だ。大ホールの緞帳の原画は棟方志功によるもの。管理棟北側に設置されたステンドグラスは、佐野ぬいによるもの。こちらは2014年に市民会館開館50周年を記念して制作された。

土手町のランドマークだった『**旧一戸時計店**』(弘前市土手町87)。メンテナンス費用を集めるために、奈良美智さんがオリジナルTシャツのデザインをしたという話を聞き、行ってみたかった場所。

ぶらぶらしている途中で見かけた建物。美しいなあ。

古本と新刊を販売している書店『**まわりみち文庫**』(弘前市新鍛冶町9-5 かくみ小路)。滞在中に何冊か古本を買ってしまった。

歩いていると、ときどき岩木山が見られる場所に出る。今回はここから見た景色がいちばん良かったかな。

『弘前れんが倉庫美術館』（弘前市吉野町2-1）。かつて、吉野町煉瓦倉庫はりんごを原料としたシードルを製造する場所だった。
中に入ると奈良美智が制作した「A to Z Memorial Dog」が設置されている。
来館するほぼすべての人が写真を撮る。もちろんぼくも。

もやし炒めとりんご。

東京を出る前に、弘前のお薦めリストがメールで送られてきた。それぞれの紹介文を読むと、どれも魅力的ですべて行きたくなる。とにかく最初の夜はこの店にしようと決めていた。その焼き鳥屋について、メールにはこう書いてあった。「素敵な大将と奥さんが二人でやっている居酒屋さんです。やきとりも美味しいですが、地酒や地元の方が普段食べているような郷土料理もいろいろあります。イギリスのパブっぽい雰囲気だと個人的には思っています」

開店時間ぴったりに行った。なるほど、メニューはどれも魅力的で、迷いに迷って何品かに絞ったけれど、頼み過ぎたかなと思わないでもなかった。やがてポツポツと客が入ってくる。そして大将と話を始めるのだが、方言なので何を喋っているのかわからない。わからないけれど、その言葉の抑揚や柔らかさが実に心地良い。注文した料理が少しずつ運ばれてきて、地酒も美味しいから、さらに酔いが加わって楽しい気分になる。あまり長居をするのも申し訳ないので、そろそろ帰ろうと思ったが、まだ一品、もやし炒めが出てこない。忘れているのだろうか。こちらもとっくに満腹だ。だから会計をお願いした。会計を始めて、大将が何かに気づいたような顔をしている。すぐに「もやし炒めをまだ出していませんね」と申し訳なさそうに言った。いえ、こちらも頼み過ぎたと思っていたので、ちょうど良かったですと応える。大将が釣り銭を渡してくれてから、「ちょっと待って」と奥に入る。そして持ってきたりんごを、お詫びだと言いながら渡してくれた。

これから先、弘前のことを想うたびに、ぼくはこの夜のことを思い出すだろう。もやしの代わりのりんごはとても美味しかった。

焼き鳥はもちろん、お造りもポテトサラダも美味しかった。
実は「焼きそば目玉焼きのせ」も注文しようと思っていた。

土手町にあるバー『アサイラム』。ときどきライヴもあるようだ。
この夜にこの場所に流れていた音楽は、どれも好みだった。

誰かのホームタウン。

弘前に、ここだけは絶対に行きたいと思う店があった。着いた日の夜に場所を確認したが、中から音が聞こえるものの、覗こうにも窓はない。外の明かりも消えているので、休みなのかもしれないと諦めてホテルに戻った。次の日の夜も店の前まで行った。明かりはついていたけれど、なんだか扉を開ける気持ちにならなかった。

3日目の夜は、弘前についてメールを送ってくれた人と一緒に、食事をする約束をしていた。その時が初対面だった。推薦してくれた店はほとんどすべて行ったこと、どこもみな自分にとっても居心地の良い場所だったことなどを、ワインを飲みながら話した。彼は青森市の出身だけれど、いまは弘前市に暮らしている。お互いのやや緊張した雰囲気がほぐれてきた頃に、ひとつだけ心残りがあるとしたら、例の店に行けなかったことだと話した。そこはバーなのだ。彼は、「ときどき行くところだから、良かったらいまからどうですか」と言ってくれた。

扉を開けて中に入る。ぼくらはカウンターではなく壁際に席をとった。落花生の殻をむきながら、薄暗い店内を見回す。壁に大きな奈良美智の絵が飾ってあった。そして展覧会のポスターも。

すべての都市や町や村は誰かのホームタウンである。弘前市は、ぼくにとっては奈良美智さんのホームタウンだ。奈良さんに興味を持ったことで弘前に来たというのは言い過ぎかもしれないが、この時期に来たのは、そのことが大きな理由であった。

弘前市を見て歩いた後に、ぼくは青森市に足をのばして、青森県立美術館で開催している「奈良美智：The Beginning Place ここから」展を観にいく予定なのだ。

弘前のめへやっこ。

ホテルのすぐ近くにあったパン屋。ケーキも食べてみたい。
『マタニ』
弘前市親方町23

何度となくこの店の前を通ったが入るチャンスがなかった。店名『ドデノメヘヤッコ』の意味は「土手（土手町にある）のお店やさん」だそうだ。

うちわ餅を買う。薄い餅を串に刺し、甘いゴマだれをかけてある。おやつに最適。
『戸田うちわ餅店』
弘前市銅屋町21

中央弘前駅のすぐ近く、川沿いにある洋食店**『よおしょく屋』**（弘前市北川端町32）。しょうが焼き定食をいただく。

『中三』という百貨店の地下にある。ここの味噌ラーメンが弘前のソウルフードだと言う人がいた。**『中みそ』**

名古屋の百貨店で購入した記憶を頼りに探した店。
『小山せんべい 大浦町本店』
弘前市大浦町5-3

弘前みやげとしていただいたことがある「竹流し」を買った。
『御用御菓子司 大阪屋』
弘前市本町20

『虹のマート』というマーケット内にあるコーヒースタンド。アップルサンドイッチを朝食に。
『コーヒーショッププラザー』
弘前市駅前町12-1 虹のマート内

外観の落ち着いた感じが気になったコーヒー店。もちろんコーヒーも美味しかった。
『壱番館』
弘前市一番町24

コース料理と自然派ワインの店。
『pommeris』
弘前市元寺町36-1

名曲喫茶だった頃の名残を感じながら、コーヒーとニコリンゴタルトを。
『名曲＆珈琲 ひまわり』
弘前市坂本町2

自家焙煎の豆販売とテイクアウトの店だが、中で飲んでいくこともできる。
『YADORIGI COFFEE ROASTERS』 弘前市品川町32

姫路へ

どういうわけか、ぼくには城への興味というものがない。たとえ目の前にあるのが、ユネスコの世界遺産に登録された姫路城だとしても。

予約をすれば、近くに係留している小さなヨットの船内で船上喫茶もできるそうだ。
『ハンモックカフェ』 姫路市的形町的形1864

ハンモックの記憶。

長らく、姫路は西へ向かう新幹線で通過するだけの駅だった。ただ姫路を過ぎてすぐに、左の窓から見える建物だけは、長いこと気になっていた。丘の上に不思議な形の塔がある。ロサンゼルスの空港にある塔にそっくりだった。

いつか近くから眺めたいとずうっと思っていたので、はじめて降りた姫路駅から、その塔のある手柄山中央公園に向かうことにした。タクシーの運転手さんに目的地を告げると、観光のために来た人間が最初に行く場所ではないことが、その応対からもなんとなくわかる。この回転展望台がもう使われていないことは調べておいた。中に入って景色を一望できないのは残念だ。でも、長年の希望が叶い、ぼくは大いに満足。さて、次の希望を叶えよう。

姫路駅に戻り、友人と山陽電車に乗って的形《まとがた》駅を目指す。かつては塩田による製塩業が盛んだった町だという。その的形にある『ハンモックカフェ』という店に行ってみたいと思ったのが、何年前だったかは憶えていない。「東京にあるワインバーのカウンターで、ぼくとハンモックカフェを営む夫妻が、たまたま隣り合わせた。もちろんお互いを知らない時だったから、別に話しかけることもなく静かに飲んでいたんだ」と、その出会いのきっかけを的形に向かう途中に披露したら、友人が、どうして話をすることになったのかと訊いてきた。彼はそのカフェのオーナー夫妻と懇意にしているのだ。たしかに、どうしてだろうか。思い出せない。とにかく、彼らは「姫路でカフェをやっています」と自己紹介した。ぼくも「いつか姫路に行くことがあったら、お店にうかがいます」と応えた。その「いつか」が今回なのだ。どうしてだか、口約束には終わらせたくなかったのである。

オーナーの中村信彦さん、真理子さん。真理子さんの料理も、信彦さんが焙煎するコーヒーと選ぶ音楽も、優しさに満ちている。

地元の食材を使った料理。たまたま他に客はいなかったからか、時間の流れが遅くなったように感じる。素晴らしい食事だった。

ぼくはただ「カフェ」という名称から、長いこと勝手に想像を膨らませていた。的形で目にした現実は、それとはずいぶん違っている。まずロケーション。小規模なマリーナとでもいえばいいのか。小さなヨットが停泊している。風が吹くと、帆をつけていないロープがマストに当たる音なのだと思うが、ヒュンヒュンカチンと不規則なリズムで聞こえる。店はコンテナを二段に重ねたもの。下の段の窓を覗くと、コーヒーのドリッパーや包装されたコーヒー豆が見えた。焙煎機もある。カフェには外階段で上がるようだ。横に古い、デザインが美しかった時代の車が何台か停められている。

二階に上がり中に入る。コンテナの中に居るということがわかる、しかしそのことが楽しいと感じられるように、程よい内装が施されていた。大きなトレーラーハウスのようでもあるし、列車の食堂車に乗ったような感覚もある。ぼくと友人の席は、中央の長方形のテーブルに向かい合わせにセットされていたが、ぼくらは隣同士に座ることにした。ふたり

ぼくと友人はディナータイムが始まる17時の少し前に到着した。
奥にはオーディオ装置があり、ご主人が選んだ音楽が流れる。

が同時に、その座り方のほうがこの空間にふさわしいと思ったのだ。好みのワインがあったので、それを注文し、やがて食事がスタートする。夕暮れ時だったから、食事が進むにつれて、外は暗くなり、室内の照明がだんだん際立ってくる。音楽が流れているが、話している間は気づかないほどの音量。だが、話が途切れた時に聞こえてくるメロディーはとても穏やかだ。

最後にデザートとコーヒーが運ばれてきた。ぼくとオーナー夫妻がなにをきっかけにして話をしたのかを、夫妻に尋ねた。東京のそのワインバーに、偶然、ひとりの男が入ってきた。その男は、ぼくと夫妻の両方を知っていた。だからその男が紹介をしてくれたのだと言う。その男は、いまぼくの隣でコーヒーを飲んでいる。「なんだ、忘れていたのはぼくだけじゃないんだ」と、みんな笑った。

正面玄関手前の野外に、2体一組で設置された本郷新の彫刻「花束」。とても愛らしい。
『姫路市立美術館』（姫路市本町68-25）

姫路城に近づく。

姫路駅からほぼ直線の道を歩くと姫路城だ。泊まったホテルもその直線から少しだけ脇に入ったところにあった。ぼくは滞在中、駅と城をいったい何往復したことか。城に興味がないと冒頭に書いたけれど、歩いていると城が自然に目に入るし、そもそもリストアップした行きたい場所が、どれも城のすぐ近くにあるのだった。

まず美術館に行こう。煉瓦造りの建物は姫路陸軍兵器支廠《ししょう》として建てられ、第二次世界大戦後は姫路市役所として使われていたものだそうだ。リニューアル後、『姫路市立美術館』として開館したのは１９８３年である。玄関のある正面に立つと、建物の左側に姫路城が見える。肩にオウムを乗せた海賊の図を思い出した。常時公開されているらしい國富奎三《けいぞう》のコレクション展を鑑賞。

それから『兵庫県立歴史博物館』まで歩いていく。こちらも１９８３年の開館で、設計が丹下健三と聞いたので寄っていくことにしたのだが、建物の正面向かって左側には、キューブ状のガラスが台にのったような棟がある。この棟のガラスが姫路城のほうを向いており、そこにきれいに城が映っている。中にカフェがあることがわかり、そこでコーヒーを飲んでみた。たしかに窓から真正面に姫路城が望める。

ところで、ぼくが城というものに興味がないのは、たぶん生まれ故郷が北海道、中央に近いあたりの山中だということに関わっているのではないだろうか。松前城以外に、ぼくは北海道の城を知らないし、そこに行ったこともない。しかし、その無関心な態度も、どうやらこの歴史博物館で消えてしまったかもしれない。何故なら、１階にある「姫路城大解剖」という展示室にあるシアターで、姫路城の修理についての記録映画を観たことによって、俄然、興味が

古い西大柱は、「天守の庭」のすぐ近くに保存展示されていた。もとは2本を上下につなぎ合わせて使われていたものだ。

礎石は「天守の庭」として無料展示されている。大柱の礎石を見たかったのだが、どれがそれなのかまではわからなかった。

湧いてきたからだ。この映像に記録されているのは「昭和の大修理」と呼ばれるもので、1956年から1964年に行われた工事である。姫路城は1800年代の初頭には、すでに大天守が傾いていると指摘されていたという。1941年の計測では、東南に約44センチも傾いていた。それを修復する工事の記録だった。

　この映像でもっとも驚いたのは、修理のための仮の屋根をかけたうえで、解体工事が始まって骨組みの状態になり、さらに、添え柱を外して2本の大柱だけになった姿を見た時だ。このスケールの木造建築の凄さに心の底から圧倒される。天守は地上6階地下1階で、2本の大柱は地下から6階の床下までを貫いていたものだ。このうちの西の大柱が芯から腐敗していて再利用ができず、新しいものと取り替えた。建物は礎石《そせき》の上に柱をのせて造られていたが、地盤が沈下していたので、最終的には鉄筋コンクリートの構造物で全体を支えることにした。それによって不要となった礎石は三の丸広場に並べられていること、そして古い西大柱も近くに展示されている、ということを知る。ずいぶん昔に読んだ西岡常一の語り下ろし『木に学べ』のことを思い出したりしながら、この巨大な木造建築について少し学びたくなったりもした。

博物館を出て、そのまま姫路城の入り口に向かう。大勢の観光客が行列している。とはいえ、ぼくが見たいのは、まずは礎石と西大柱だけなのだ。近くにいた係員に尋ねると、礎石と西大柱は城内ではなく、中に入らずに見られる場所にあることを教えてくれた。礎石が置かれた場所は、囲いの外から見るしかなかった。一方、柱はわりと近くで見ることができる。次は城の中に入ってみようと思い始めている自分に気づいた。

館内カフェのガラスの壁に映る姫路城。
外から見ても良し、カフェの中から見ても良し。
『兵庫県立歴史博物館』（姫路市本町68）

滞在の初日は雨だった。『十七八』の前まで行くと、ちょうどご主人が暖簾をかけるところだった。冷えた身体を暖めよう。

駅と城を行ったり来たり。

アーモンドトーストというメニューに惹かれて行った店。
『はまもとコーヒー』 姫路市二階町49

午後3時くらいにお腹が空く。餃子の提灯に誘われ入った。旬のフルーツを使ったサワーも美味しいが、なにしろ餃子が素晴らしい（水餃子も）。
『バックヤード キッチン』 姫路市白銀町53

チキンカレーと、厚揚げと小松菜の豆カレーをあいがけでいただく。
『スパイス スエヒロ』 姫路市本町68

えきそばは蕎麦にあらず。中華麺に和風だし。
『えきそば在来線上り店』
姫路市駅前町188-1 JR姫路駅 山陽線上りホーム

どの町でも、おでん屋を見つけたら入らずにいられない。女将さんの客あしらいが最高だった。
『十七八（となはち）』
姫路市呉服町46

カレーのあとでコーヒーが飲みたくなり、見つけた店。ベーカリーだがイートインもできる。
『BAKERY 燈 LAMP』
姫路市本町68 平和不動産ビル1F西

姫路駅周辺をうろうろしていて見つけた、魅力的な店構えのラーメン店。帰る日の昼はここにしようと決めた。

昼ごはんのあとに見つけた店。風格のある建物が気になって寄りたかったが満腹であきらめた。

皿の上に3本の串揚げ。少ないと思いながら平らげると、別の皿にさらに3本。**『もぐらや』**姫路市西二階町13

店名を目にして頭の中が「?」でいっぱいになった。**『COFFEE SHOP 5W2H』**姫路市本町68

ここはサイフォンで淹れてくれる。**『KUUHAKU COFFEE』**姫路市本町68-42南部屋

帰る日の昼食。ラーメン店がまさかの定休日だったので、近くにあった老舗のすし屋へ。いい選択だった。
『すし宗』姫路市南町58

フレンチの店だけれど、素材の扱いやスパイスの使い方に快い新鮮さを感じた。
『エグレット』姫路市本町68-100

初出一覧

すべて『暮しの手帖』の号表記と発売月です。

十勝へ　4世紀96号（2018年9月発売）
伊勢へ　4世紀97号（2018年11月発売）
つくばへ　4世紀99号（2019年3月発売）
奄美へ　4世紀100号（2019年5月発売）
庄内へ　5世紀3号（2019年11月発売）
久留米へ　5世紀4号（2020年1月発売）
沖縄へ　　5世紀6号（2020年5月発売）
番外編　もってこ〜い　もってこい　4世紀98号（2019年1月発売）
美瑛と美唄　5世紀9号（2020年11月発売）
宮崎へ　5世紀10号（2021年1月発売）
徳島へ　5世紀12号（2021年5月発売）
益子へ　5世紀13号（2021年7月発売）
別府へ　5世紀15号（2021年11月発売）
志布志へ　5世紀16号（2022年1月発売）
番外編　アントニン＆ノエミ・レーモンド　5世紀14号（2021年9月発売）
房総へ　5世紀19号（2022年7月発売）
函館へ　5世紀20号（2022年9月発売）
琵琶湖半周　5世紀21号（2022年11月発売）
萩、山口へ　5世紀23号（2023年3月発売）
多治見、岐阜へ　5世紀24号（2023年5月発売）
番外編　掛井五郎さんの彫刻　5世紀18号（2022年5月発売）
オホーツクへ　5世紀25号（2023年7月発売）
仙台へ　5世紀28号（2024年1月発売）
弘前へ　5世紀29号（2024年3月発売）
姫路へ　5世紀30号（2024年5月発売）

あとがき

本書は雑誌『暮しの手帖』で連載中の「また旅。」をまとめたものだ。この連載は2012年に始まり、当初は「今日の買い物」というタイトルだった。命名をしてくれたのは、当時の編集長だった松浦弥太郎さんである。この連載は松浦さんと、やはり当時のアートディレクターだった林修三さんの助言に従って、写真もぼく自身がiPhoneで撮影している。

連載「今日の買い物」は、2019年に京阪神エルマガジン社がまとめてくれることになったのだが、ぼくはその10年以上前に同じタイトルで別の出版社から本を出していた。それで書籍のほうはタイトルを『また旅。』と改めることにした。連載当初は旅先でいろいろ買い物をすることが多かったのだが、だんだんと買い物ではなく、旅そのものが目的となっていたので、新しいタイトルがしっくりきた。そうこうしているうちにどういうタイミングだったかは忘れたが、連載のタイトルについて「また旅。」にしたいと編集部にお願いをして、2020年から現在のタイトルに変更になった。ちょっと説明が長くなってしまったけれど、そんなわけで本書のタイトルは『また旅2』となっているのである。

連載を開始してからすでに10年以上経っていて、ぼくにとってはライフワークのように感じられる。旅先もどのようにまとめるかも、ぼくの好きなようにやらせてもらえるという、これ以上ない自由な連載である。「また旅。」があるおかげで、ぼくは日本国内をあちこち移動し続け、新しい思いや視点を獲得し、自分の住む街に戻ってきて、新鮮な気持ちで生活をしていくことができている。なんて幸せなことだろう。

お読みいただければわかるかもしれないが、「また旅。」はこれは取材ですと事前にお断りするケースは稀である。ぼくはひとりの旅行者として、以前から訪れたいと思っていた場所に出かけ、歩いていてたまたま気になった店などに立ち寄り、その際に感じたことを書き、写真を撮っている。このいきなりの訪問者が、後になってこういう連載に掲載させて欲しいと図々しいお願いをしているのだ。それを承諾してくださる人たちにどれだけ助けられていることか。本当にありがとうございます。

そしてこれまでの連載を支えてくれた歴代の編集長、松浦弥太郎さん、澤田康彦さん、北川史織さん、ぼくのわがままにいつも悩まされていたに違いない歴代の担当者、田島良子さん、山崎悠華さん、井田亜美さん、佐藤礼子さんにあらためて感謝いたします。

最後に書籍にするにあたり、新しいデザインを考えてくれた長年の相棒・小野英作くん、書籍制作を担当してくださった古庄修さん、そして各地でぼくを案内してくれた友人たち、それぞれの街で親切に受け入れてくださった皆さん、どうもありがとうございます。

２０２５年１月

岡本 仁

岡本 仁（おかもとひとし）

1954年、北海道夕張市生まれ。大学卒業後にテレビ局を経てマガジンハウスに入社。雑誌『ブルータス』『リラックス』『クウネル』などの編集に携わる。2009年よりランドスケーププロダクツにてプランニングや編集を担当。『今日の買い物 新装版』（岡本敬子との共著、講談社刊）、『ぼくの鹿児島案内』『ぼくの香川案内』（ランドスケーププロダクツ刊）、『果てしのない本の話』（本の雑誌社刊）、『また旅。』（京阪神エルマガジン社刊）など著書多数。

また旅２

二〇二五年三月九日　初版第一刷発行

著者　岡本 仁

発行者　横山泰子

発行所　株式会社　暮しの手帖社
東京都千代田区内神田一ノ十三ノ一　三階

電話　〇三－五二五九－六〇〇一

印刷所　株式会社　シナノパブリッシングプレス

本書に掲載の図版、写真、記事の転載、ならびに複製、複写、放送、スキャン、デジタル化などの無断使用を禁じます。また、個人や家庭内の利用であっても、代行業者などの第三者に依頼してスキャンやデジタル化することは、著作権法上認められておりません。
落丁、乱丁がありましたら、お取り替えいたします。定価はカバーに表示してあります。

ISBN978-4-7660-0244-7　C0095

©2025 Hitoshi Okamoto　Printed in Japan

暮しの手帖社ウェブサイト　https://www.kurashi-no-techo.co.jp/